Ces objets qui nous envahissent

Objets cultes, culte des objets

ÉTONNANTS • CLASSIQUES

Ces objets qui nous envahissent

Objets cultes, culte des objets

Présentation, notes, dossier et cahier photos
par Élise CHEDEVILLE, *agrégée de lettres modernes*
et professeur de « culture générale et expression »,
et Grégoire SCHMITZBERGER,
agrégé de lettres classiques

Flammarion

Les volumes pour les classes de BTS dans la collection « Étonnants Classiques »

Le manuel 1re année
Culture générale et expression

Les anthologies thématiques pour la 2nde année
Ces objets qui nous envahissent : objets cultes, culte des objets
Cette part de rêve que chacun porte en soi
Le Détour
Faire voir : quoi, comment, pour quoi ?
La Fête
Génération(s)
Paroles, échanges, conversations et révolution numérique
Rire : pour quoi faire ?
Le Sport, miroir de notre société ?

ISBN : 978-2-0813-5182-0
ISSN : 1269-8822

SOMMAIRE

III. DE L'INVASION DE L'OBJET À SA DÉMATÉRIALISATION

Dossier 163

PRÉSENTATION

> Objets inanimés, avez-vous donc une âme
> Qui s'attache à notre âme et la force d'aimer [1] ?
>
> Alphonse de Lamartine.

Avant de rencontrer Vendredi, Robinson Crusoé, le héros éponyme du roman de Daniel Defoe (1719), est seul sur son île déserte. Il crée toutes sortes d'objets, de ses propres mains, avec peu de moyens, et s'en retrouve entouré. Il s'en sert pour chasser, pêcher, compter les jours. Ces objets sont *utiles*. Ils s'ajoutent à ceux qui ont subsisté du naufrage et qui, pour certains (armes, munitions…), lui *servent*, mais pour d'autres (pièces d'argent, instruments de mathématiques…) ne lui sont plus d'aucune utilité. Néanmoins, témoignant de sa vie d'avant la tempête, ces derniers le font espérer, pleurer, en somme exister. Ils ont à ses yeux une *valeur affective*. Quand, vingt-huit ans après les faits, Robinson peut enfin quitter l'île où il a échoué et retourner en Angleterre, surgit la question du tri : quelles affaires *conserver* ? et comment ? Lesquelles *détruire* ?

De l'émancipation des lois naturelles à l'asservissement humain, du fétichisme au recyclage, toutes les problématiques associées à l'objet semblent jalonner le parcours de Robinson résumé à ces quelques étapes.

1. « Milly ou la Terre natale », *Harmonies poétiques et religieuses*, 1830.

Depuis le premier outil inventé par l'*Homo habilis*[1] il y a environ 2 500 000 ans, les objets n'ont cessé de gagner du terrain, au point de conduire les hommes à s'interroger sur l'intérêt qu'ils leur portent. Ils en ont d'abord fait leurs premiers compagnons avant d'en faire le centre de leur société de consommation. Les hommes créent, produisent, achètent, utilisent, jettent et recyclent – ou non – des objets au quotidien.

Pourquoi, même devenus inutiles, les objets comptent-ils autant à nos yeux ? Serions-nous tous animistes, les considérant doués d'une âme ? Quels rapports entretenons-nous avec les objets ?

Au commencement, il y a l'homme. Quel sens donner à son acte créateur ? Si l'objet est une preuve de l'intelligence et de la perfectibilité humaines, n'est-il pas aussi la marque d'un fantasme de puissance ? Une fois pensé, comment l'objet est-il produit, fabriqué ? Pourquoi et comment devient-il un bien de consommation et intègre-t-il un processus de commercialisation ?

Pour comprendre la place de l'objet dans la société contemporaine, il faut aussi s'interroger sur les relations que nous nouons avec lui. À quoi sert-il ? Quelle est sa valeur ? Créé pour répondre à un besoin, l'objet n'existe-t-il que pour sa fonction utilitaire ? Ne peut-on lui reconnaître un rôle social (garantissant la stabilité des relations des hommes entre eux) ou culturel (structurant notre rapport aux autres et au monde) ? une fonction esthétique ou ludique ? une valeur affective ?

Quelle que soit sa finalité, l'objet occupe une place de premier ordre. La prise de conscience de cette invasion peut-elle nous guider vers une libération, alors que l'essor des nouvelles technologies ne semble pas améliorer la donne ? En effet, si l'on

1. ***Homo habilis*** : espèce humaine préhistorique. On considère que l'*Homo habilis* a inventé les premiers outils de pierre taillée.

veut croire à une dématérialisation de l'objet, affranchissant l'individu du poids de ce dernier, la réalité est tout autre. Comment dès lors reprendre le contrôle de l'objet ? L'issue est-elle dans une réduction de notre consommation ? dans un recyclage maîtrisé ?

Si l'objet permet à l'homme de rêver et de progresser, le tribut qu'il prélève à la société peut paraître lourd à payer. Cet opium dont on ne saurait se passer contient des dangers certains qu'il convient de discerner.

I. Et l'homme créa l'objet

Les objets peuplent notre quotidien. Envahis, nous oublions parfois que, derrière chaque objet, se trouve l'humain. Longtemps stigmatisés par la pensée philosophique et sociologique, l'objet et son créateur sont réhabilités depuis peu : dans l'Antiquité, le philosophe grec Platon (427-347 av. J.-C.) considère l'objet d'art comme une pâle imitation du sensible [1], incapable de renseigner sur l'être [2]. Au XXe siècle, le penseur français Jean Baudrillard (1929-2007) le tient, lui, pour un signe de distinction sociale et une aliénation dévorante pour l'homme.

Qu'il soit objet d'art, objet d'intérieur, objet technique ou simple ustensile, l'objet, fabriqué ou transformé par l'homme, est bien plus qu'une *chose* ; il est *autre chose*. Comme l'écrit le critique Roland Barthes (1915-1980), il y a toujours « un sens qui déborde l'usage de l'objet [3] ». L'objet renseigne sur l'homme qui l'a imaginé, conçu, fabriqué et produit, il permet de comprendre comment s'élabore la pensée humaine à travers la matière et, ce faisant, informe sur une culture et une civilisation. Quel sens attribuer à la multitude d'objets créés par l'homme ? Quand l'homme devient démiurge [4], que cherche-t-il à faire, à imiter ou à prouver ? Et comment s'y prend-il pour donner forme à l'objet ? Comment le transforme-t-il en bien « consommable » ? Quels sont ses différents modes de pro-

1. ***Sensible*** : ce qui peut être perçu par les sens.
2. ***L'être*** : l'essence de ce qui est, ce qui le distingue fondamentalement.
3. Roland Barthes, *L'Aventure sémiologique*, Seuil, coll. « Points », 1985, p. 252.
4. ***Démiurge*** : créateur d'un monde.

duction et en quoi ces derniers participent-ils de sa valeur ou de son « statut » ?

1. L'homme démiurge

L'objet a toujours été présent dans notre histoire. Depuis le silex taillé par les premiers hommes jusqu'à la dernière génération d'iPhone, il est omniprésent dans notre civilisation, signe tout à la fois de notre intelligence, de notre perfectibilité et de notre soif de progrès. Invention de l'homme, qui, par son intermédiaire, cesse d'avoir un rapport immédiat à la nature et se soustrait aux contingences [1] de cette dernière, l'objet est la réalisation concrète d'une volonté d'émancipation et de domination, ainsi que la marque d'un désir démiurgique. Le *Trésor de la langue française* (p. 15) rappelle les formes infinies qu'il peut prendre et l'importance que l'espèce humaine, depuis l'*Homo habilis*, lui accorde, jusqu'à lui vouer un véritable culte. Ce rapport à l'objet trouve son explication dans la genèse même de ce dernier, véritable prolongement humain – prolongement des membres, des sens puis de l'intelligence –, comme le rappelle Bruno Jacomy (p. 18). Jean Echenoz, lui, désacralise le mythe de la grande invention et du créateur génial dans *Des éclairs* (p. 21), en montrant avec humour l'origine étonnante de certaines innovations, tandis que Gilbert Simondon va jusqu'à expliquer que l'invention, médiation [2] entre l'homme et la nature, est détachable de son créateur, même si elle porte toujours les traces de ce dernier (p. 25). Finalement, l'objet ne fascine-t-il pas parce qu'il échappe toujours de quelque façon que ce soit à sa fonction première, en permettant à l'homme d'explorer, de s'approprier et finalement de recréer le monde, ainsi que le démontre François Bon (p. 28) ?

---

1. ***Contingences*** : événements imprévisibles, circonstances.
2. ***Médiation*** : en philosophie, articulation entre deux êtres ou deux termes.

■ Articles « Objet » et « Culte » du *Trésor de la langue française*

Le *Trésor de la langue française* est un dictionnaire de référence. Nous reproduisons partiellement ici les définitions détaillées qu'il propose pour les mots « objet » et « culte ». La première expose la multiplicité d'objets existants, leur mode de production, leur fonction plus ou moins nécessaire et la difficulté d'en fixer les limites, tandis que la seconde révèle l'unicité et l'abstraction contenues dans le terme « culte ». Analyser l'une en regard de l'autre permet de faire émerger les nombreuses problématiques du sujet, toutes liées à cette matérialité du monde qui semble en être devenue la nouvelle spiritualité.

[Matérialité *versus* spiritualité]

OBJET, subst. masc.

[Dans une visée concrète]

[…] Chose solide, maniable, généralement fabriquée, une et indépendante, ayant une identité propre, qui relève de la perception extérieure, appartient à l'expérience courante et répond à une certaine destination. *Collection, ensemble d'objets ; vente d'objets ; prendre, renverser, soulever un objet.* […]

– [Avec déterminant évoquant une caractéristique de nature, permanente ou circonstancielle [1]]

• *Objet bizarre, coloré, élastique, fragile, lourd ; objets disparates, divers, hétéroclites ; menus, petits objets. Les beaux objets réalisés d'une main heureuse sont tout naturellement « continués » par la rêverie du poète* (BACHELARD, *Poét. espace*, 1957, p. 89).

1. ***Circonstancielle*** : qui dépend des circonstances, qui peut changer selon le contexte.

• *Objet chinois, japonais ; objet colonial, étranger, exotique.* [...]

• *Objet de bois, de bronze, de métal, métallique.* [...]

• *Objet fabriqué, moulé, sculpté, travaillé ; objet artisanal, industriel. Paul Valéry séjourne longtemps devant l'idéal d'un objet modelé, d'un objet ciselé qui justifierait sa valeur d'être par la belle et solide géométrie de sa forme en se détachant du simple souci de protéger sa matière* (BACHELARD, *Poét. espace*, 1957, p. 106). *Dans le prix de tout objet manufacturé une valeur est ajoutée à chaque stade* (LESOURD-GÉRARD, *Hist. écon.*, 1968, p. 125).

• *Objet caché, exposé.* [...]

• *Objet trouvé.* Objet perdu par son propriétaire et retrouvé par quelqu'un d'autre. *Aller au bureau des objets trouvés.*

• *Objet précieux, objet de valeur.* Objet qui a une grande valeur marchande. [...]

• *Objet d'art.* Objet ayant une valeur artistique. [...]

• *Objet mobilier.* Objet de la nature des meubles [...].

– [Avec déterminant évoquant l'usage auquel est destiné l'objet]

• *Objet usuel, d'usage courant, de première nécessité.* « Ils examinent longuement les objets familiers : le rouleau, la herse [1], la charrue, le tarare [2] » (GIONO, *Colline*, 1929, p. 76).

• *Objet de consommation courante, d'échange, de négoce.* [...]

• *Objet de fantaisie* [...], *de luxe.* « La maison entière était un bazar ; tous les étages étaient encombrés d'objets de pacotille, de marchandises hétéroclites, d'articles de bric-à-brac » (REYBAUD, J., *Paturot*, 1842, p. 426).

---

1. *Herse* : instrument agricole muni de pointes rigides ou souples, que l'on traîne sur le sol pour l'ameublir ou pour enfouir des engrais, des semences ou des mauvaises herbes.

2. *Tarare* : appareil servant à nettoyer les grains après le battage.

• *Objet de literie, de quincaillerie.* [...]

• *Objet de cuisine.* [...]

• *Objet religieux, sacré ; objet de piété.* « Il faut (...) qu'une fois conçu et idolâtré l'objet du culte revienne transfigurer et parfaire toutes les ébauches de l'action et toutes les œuvres incomplètes » (BLONDEL, *Action*, 1893, p. 310). [...]

• *POSTES ET TÉLÉCOMM. Objet de correspondance.* « Jusqu'à présent, plus de 800 machines à affranchir les objets de correspondance et de 400 machines à affranchir et à enregistrer les objets recommandés sont en service » (*Admin. Postes et Télécomm.*, 1964, p. 18). *Objet recommandé.* Objet de correspondance envoyé en recommandé.

Rem. Le terme *chose* recouvre un ensemble de réalités plus large et plus vague qu'*objet* : il désigne, en quelque sorte, tout ce qui existe (concrètement), sans les limitations qui distinguent ce que l'on nomme *objet*, c'est-à-dire, principalement, dimensions limitées, maniabilité et destination. [...]

CULTE, subst. masc.

– Hommage religieux rendu à Dieu, à quelque divinité, à un saint ; p. ext., vénération de caractère religieux accordée à un être, à un objet privilégié [...]

– *P. méton.* [1]

Ensemble des formes extérieures, des manifestations collectives par lesquelles l'homme honore Dieu et, éventuellement, les saints. [...]

• *Objets du culte.* Objets destinés aux célébrations liturgiques. [...]

Trésor de la langue française, http://atilf.atilf.fr.

---

1. ***P. méton.*** : abréviation signifiant « par métonymie » ; la métonymie est une figure de style qui consiste à remplacer un mot par un autre, qui entretient avec lui un rapport de contiguïté (le contenant pour le contenu, etc.).

Analyse et perspectives

1. Définir le terme « objet » vous semble-t-il simple après avoir lu cet article ? Que traduisent tous les exemples cités ?
2. En quoi le deuxième article s'oppose-t-il au premier par sa taille et son contenu ?
3. Quels problèmes pose alors l'intitulé « objets cultes, culte des objets » ?

■ Bruno Jacomy, *L'Âge du plip. Chroniques de l'innovation technique* (2002)

Directeur du musée des Confluences et ancien directeur adjoint du musée des Arts et Métiers, Bruno Jacomy est l'auteur d'un ouvrage original, *Une histoire des techniques* (1990), devenu un classique. Il complète celui-ci avec *L'Âge du plip*[1], essai qui retrace l'histoire de certaines innovations techniques et qui examine ainsi notre culture à travers ses objets familiers, domestiques ou industriels. Dans l'extrait suivant, l'auteur souligne que l'automate est un objet qui tend à singer l'homme, qu'il existe depuis longtemps et que l'objet technique, quel qu'il soit, est matériel avant d'être immatériel.

[Prolonger l'humain]

Dans le petit monde des machines complexes, les automates représentent sûrement la tradition la plus ancienne et la plus constante, depuis ceux de l'Antiquité jusqu'aux machines industrielles – les automates programmables – qui assemblent en usine automobiles, ordinateurs, etc. Cette tradition n'a pas

1. ***Plip*** : verrouillage à distance des portes de voiture.

connu de faille et s'est transmise des Grecs aux Arabes, puis aux ingénieurs italiens du quattrocento [1], avant de constituer la base des machines de la révolution industrielle [2]. Au cours des deux derniers siècles, les retombées industrielles ont introduit les automates et toute leur famille dans un nombre croissant de foyers. Ce qui fut longtemps un divertissement de salon, un jeu mondain se trouve à présent dans notre foyer, notre quotidien le plus banal.

La dynamique d'ensemble de cette aventure réside dans une tendance d'imitation des organes et fonctions de l'homme, qui va de la main au cerveau. On peut ainsi constater que la machine a d'abord été un prolongement de la main et des membres de l'homme (l'âge de la mécanique), puis elle a tenté d'imiter les organes sensoriels (l'âge de l'audiovisuel), avant d'être un prolongement de son intelligence (l'âge de la cybernétique). À l'image des fractales [3] – pour utiliser un modèle aujourd'hui familier –, cette tendance peut être lue aussi bien dans le très long temps de l'histoire que dans les micro-évolutions des objets techniques eux-mêmes. En deux mots, la machine est *matérielle* avant de devenir *immatérielle*. [...]

À l'origine, la structure technique la plus élémentaire est l'outil de pierre de l'*Homo habilis*. Mais on a souvent tendance à oublier un organe fondamental inventé par l'*Homo sapiens*

---

1. *Quattrocento* : en histoire de l'art, désigne le XVe siècle italien, correspondant au début de la Renaissance.

2. *Révolution industrielle* : ensemble des phénomènes qui, à partir de la fin du XVIIIe siècle, ont accompagné la transformation de l'Europe en monde moderne (passage d'une économie fondée sur l'agriculture à une économie fondée sur l'industrie pour la première révolution industrielle ; utilisation de nouvelles sources d'énergie : électricité, gaz, pétrole, pour la deuxième révolution industrielle ; utilisation du nucléaire, développement de l'électronique et de l'informatique pour la troisième révolution industrielle).

3. *Fractales* : objets mathématiques servant à décrire des objets de la nature dont les formes découpées laissent apparaître à des échelles d'observation de plus en plus fines des motifs similaires.

sapiens[1], il y a au moins vingt-cinq mille ou trente mille ans : le *manche*. Le fait d'adjoindre un manche en os à un outil de pierre est sans doute la première manifestation tangible d'une *intention* mécanicienne : prolonger la longueur du bras pour accroître la puissance du coup et, parallèlement, augmenter le rayon d'action de l'homme.

Plus de cinq millénaires après cette invention capitale, l'homme réinvente un nouveau manche, immatériel : la *télécommande*. Assis dans son fauteuil, l'homme moderne prolonge les organes de son bras, non plus par un manche ni même par un fil, mais par un lien invisible, jusqu'au téléviseur, à la lampe électrique, au lecteur de disques compacts ou à l'automobile. Une poignée de résine époxy, de silicium[2] et de plastique a remplacé la poignée d'os ou de bois. La main tient toujours un organe matériel, mais la liaison avec l'outil lui-même est devenue immatérielle. La technique est profondément différente, mais la fonction est la même : prolonger les organes et les sens de l'homme. Certes, la complexité de la télécommande, du point de vue tant matériel que logiciel, n'a rien de comparable avec la simplicité structurelle du manche d'outil, mais cette différence ne doit pas être interprétée comme une marque de plus grande intelligence humaine. Le pas qu'a représenté l'avènement du manche dans le système technique du paléolithique supérieur[3] fut certainement bien plus important que celui franchi par son descendant des années 1980 qui met au point la commande à distance. Il en est ainsi de l'histoire des techniques : on invente presque toujours à partir de l'existant ; c'est une histoire *cumulative*.

---

1. ***Homo sapiens sapiens*** : espèce humaine moderne.
2. ***Résine époxy*** : résine synthétique utilisée dans les circuits imprimés ; ***silicium*** : élément chimique entrant dans la composition des transistors et des puces.
3. ***Paléolithique supérieur*** : fin de l'âge de la pierre taillée, entre 35 000 et 10 000 ans av. J.-C.

Cette mutation profonde du matériel vers l'immatériel ne s'est pas faite en un jour, mais bien sûr au cours des derniers siècles et en plusieurs temps.

« Les machines qui voulaient singer l'homme »,
L'Âge du plip. Chroniques de l'innovation technique,
© Seuil, coll. « Science ouverte », 2002, p. 99-101.

Analyse et perspectives

1. Pourquoi dire de l'automate qu'il tend à imiter l'homme ?
2. En quoi le manche et la télécommande sont-ils alors représentatifs de cette tendance ?
3. Vivons-nous dans un monde d'automates ? Faites la liste de tout ce qui est « automatique » dans votre environnement. Qu'en déduisez-vous ?

■ Jean Echenoz, *Des éclairs* (2010)

Le romancier Jean Echenoz (né en 1947) a reçu le prix Médicis en 1983 pour *Cherokee* et le prix Goncourt en 1999 pour *Je m'en vais*. Il écrit *Des éclairs* en 2010. La « vie imaginaire » de Nikola Tesla[1] – selon les propres mots de l'auteur – est une fiction dans laquelle Jean Echenoz mêle éléments biographiques, intrusions narratives et ironie. En témoigne l'extrait suivant qui relate, non sans humour, l'invention de la chaise électrique, testée tout d'abord sur les animaux, puis sur les humains. Celle-ci est créée lors d'une campagne de *lobbying* par Thomas Edison[2], dans le but de convaincre la

1. ***Nikola Tesla*** (1856-1943) : inventeur et ingénieur serbe qui mit au point environ 125 inventions et déposa près de 300 brevets, concernant principalement l'énergie électrique. Il est l'inventeur de l'alternateur permettant de fournir le courant alternatif.
2. ***Thomas Edison*** (1847-1931) : inventeur, scientifique et industriel américain, fondateur de la compagnie américaine d'électricité General Electric. Il revendique le nombre record de 1 093 brevets.

population des inconvénients du courant alternatif (Thomas Edison préconisant de recourir au courant continu, ayant lui-même déposé de nombreux brevets en lien avec l'utilisation de ce dernier) découvert par le personnage principal, Nikola Tesla (Grégor, dans le roman), ingénieur prodige et déjanté qui a, par ailleurs, la malchance de se faire sans cesse voler ses découvertes par ses concurrents.

[Une « belle invention »]

Détenu à la prison de Sing Sing [1], ce premier client consiste en un certain William Kemmler [2] qui vient de se laisser aller à massacrer sa compagne au moyen d'une hache. Or de telles pratiques ne sont pas bien vues, l'emprise de l'alcool n'excusant rien. Jugeant qu'il n'est pas civil d'ainsi hacher sa concubine, on l'a donc condamné à mort, verdict dont ledit Kemmler lui-même, en toute logique, convient.

Jusqu'ici, en de tels cas, on pend. Mais usant de ses relations, arguant que son nouveau système est plus humain que le brutal gibet, plus rapide, plus hygiénique et moins douloureux, Edison s'arrange pour faire installer un dispositif adéquat dans le pénitencier. Considérant qu'être soumis à tel traitement requiert un minimum de confort, on décide qu'il vaudra mieux que le sujet soit assis : aussi fait-on abattre et débiter un chêne qui poussait en toute innocence dans la cour de la prison, et avec le bois duquel les codétenus de William Kemmler confectionnent un fauteuil sommaire. À ce meuble on fixe deux électrodes entourées d'éponges humides, reliées à une dynamo de modèle

1. ***Sing Sing*** : prison américaine de l'État de New York, lieu d'exécutions capitales jusqu'en 2004.
2. ***William Kemmler*** (1860-1890) : accusé et condamné pour le meurtre de sa concubine, il fut le premier individu à être exécuté sur la chaise électrique.

■ Bande dessinée humoristique, mettant en scène un inventeur de génie et son disciple à la fin du XVe siècle, *Léonard* reprend sur une tonalité burlesque la genèse de grandes inventions et imagine celle d'objets saugrenus. Dans l'album *Léonard HI-FI Génie* (scénario Bob de Groot et dessins Turk, Dargaud, 1989), le radiateur acquiert ainsi une origine des plus surprenantes.

Westinghouse[1] que l'on s'est procurée clandestinement. Et un matin d'août à six heures, dans une pièce paradoxalement éclairée au gaz et devant une vingtaine de témoins, journalistes, prêtres, médecins, on installe William Kemmler sur ce siège tout neuf.

La première tentative d'exécution échoue : après un choc électrique de mille volts, administré pendant dix-sept secondes, Kemmler est encore vivant. On souhaite évidemment renouveler l'opération au plus tôt mais le générateur a besoin d'un certain temps pour se recharger. Il faut donc attendre un bon moment, fastidieux intervalle durant lequel on peut entendre hurler et gémir Kemmler, horriblement brûlé, ce qui produit une excellente ambiance dans le local. Une fois le générateur remis en charge, on procède à un deuxième essai pendant la longue minute duquel on fait cette fois monter la tension à deux mille volts : se répand très vite alors une forte odeur de chair grillée cependant que de longues étincelles jaillissent des membres de Kemmler, sa sueur abondante se transforme progressivement en sang, une épaisse colonne de fumée commence à s'élever de sa tête et ses yeux tentent avec succès de s'échapper de leurs orbites jusqu'à ce que, certifié par un médecin légiste, son décès ne soit plus douteux.

Voilà qui est fait. Après ce premier condamné calciné, les fâcheux effets du courant alternatif sur l'homme sont désormais indiscutables, Thomas Edison n'est pas mécontent. Que tous les spectateurs de la fin de Kemmler aient été horrifiés par cette scène et puissent en témoigner fait parfaitement son affaire, un tel système étant associé désormais au nom de Westinghouse. Comprenons son bonheur et n'oublions jamais que les plus

1. ***George Westinghouse*** (1846-1914) : principal concurrent de Thomas Edison et employeur de Nikola Tesla, il a fondé la Westinghouse Electric and Manufacturing Company. En 1893, il obtient le contrat d'installation de toute l'infrastructure électrique des États-Unis, qui utilisent rapidement le courant alternatif préconisé par Tesla.

belles inventions ont souvent de bien belles histoires. C'est par exemple ainsi que vient de naître la chaise électrique : d'un contre-argument publicitaire.

Des éclairs, © Éditions de Minuit, 2010, p. 48-49.

Analyse et perspectives

1. Analysez les procédés qui rendent cette scène réaliste. Pourquoi une telle minutie dans les détails ? Quel est le but de l'auteur ?
2. Comment le narrateur laisse-t-il percevoir son ironie ?
3. Citez des objets qui, à l'origine, ont été conçus avec une finalité différente de celle pour laquelle ils sont réellement utilisés.

■ Gilbert Simondon, *Du mode d'existence des objets techniques* (1958)

Dans son essai *Du mode d'existence des objets techniques*, le philosophe français Gilbert Simondon (1924-1989) tente de redonner à la technique la place qui lui revient dans notre culture et de comprendre les raisons qui nous poussent à la voir comme une aliénation. Pour l'auteur, l'objet ne se définit pas uniquement par sa fonction utilitaire, mais, avant tout, par son mode opératoire et par sa genèse. Dans l'extrait suivant, il explique que, si l'objet technique peut être utilisé par tout un chacun, c'est qu'il est « détachable » de son créateur. En outre, il y voit un mixte[1] d'humain et de monde naturel. Enfin, révélateur d'un fonctionnement opératoire, l'objet suppose un acte d'invention, donc une opération mentale présente en lui, que nous pouvons percevoir ou ignorer.

---

1. *Mixte* : élément composé, mélange.

[L'objet est détachable de son créateur]

[…] par l'activité technique, l'homme crée des médiations [1], et ces médiations sont détachables de l'individu qui les produit et les pense ; l'individu s'exprime en elles, mais n'adhère pas à elles ; la machine possède une sorte d'impersonnalité qui fait qu'elle peut devenir instrument pour un autre homme ; la réalité humaine qu'elle cristallise en elle est aliénable [2], précisément parce qu'elle est détachable. Le travail adhère au travailleur et, réciproquement, par l'intermédiaire du travail, le travailleur adhère à la nature sur laquelle il opère. L'objet technique, pensé et construit par l'homme, ne se borne pas seulement à créer une médiation entre homme et nature ; il est un mixte stable d'humain et de naturel, il contient de l'humain et du naturel ; il donne à son contenu humain une structure semblable à celle des objets naturels et permet l'insertion dans le monde des causes et des effets naturels de cette réalité humaine. La relation de l'homme à la nature, au lieu d'être seulement vécue et pratiquée de manière obscure, prend un statut de stabilité, de consistance, qui fait d'elle une réalité ayant ses lois et sa permanence [3] ordonnée. […] Une convertibilité de l'humain en naturel et du naturel en humain s'institue à travers le schématisme technique. […]

Ainsi, l'objet technique apporte une catégorie plus vaste que celle du travail : le fonctionnement opératoire. Ce fonctionnement opératoire suppose à la base, comme condition de possibilité, un acte d'invention. Or l'invention n'est pas du travail ; elle ne suppose pas médiation jouée par l'homme somato-psychique [4] entre la nature et l'espèce humaine. L'invention n'est pas seulement une réaction adaptative et défensive ; elle est

---

1. ***Médiations*** : voir note 2, p. 14.

2. ***Aliénable*** : que l'on peut s'approprier.

3. ***Permanence*** : en philosophie, fait que l'identité d'un objet soit reconnue en dépit de modifications dans ses propriétés ou dans sa localisation.

4. ***Somato-psychique*** : en rapport avec le corps et l'esprit.

une opération mentale, un fonctionnement mental qui est du même ordre que le savoir scientifique. [...] La pensée technique est présente en toute activité technique, et la pensée technique est de l'ordre de l'invention ; elle peut être communiquée ; elle autorise la participation.

Dès lors, au-dessus de la communauté sociale de travail, au-delà de la relation interindividuelle qui n'est pas supportée par une activité opératoire, s'institue un univers mental et pratique de la technicité, dans lequel les êtres humains communiquent à travers ce qu'ils inventent. L'objet technique pris selon son essence [1], c'est-à-dire l'objet technique en tant qu'il a été inventé, pensé et voulu, assumé par un sujet humain, devient le support et le symbole de cette relation que nous voudrions nommer *transindividuelle*. L'objet technique peut être lu comme porteur d'une information définie ; s'il est seulement utilisé, employé, et par conséquent asservi, il ne peut apporter aucune information, pas plus qu'un livre qui serait employé comme cale ou piédestal. L'objet technique apprécié et connu selon son essence, c'est-à-dire selon l'acte humain d'invention qui l'a fondé, pénétré d'intelligibilité fonctionnelle, valorisé selon ses normes internes, apporte avec lui une information pure.

Du mode d'existence des objets techniques, © Aubier, 1958, p. 245-247.

Analyse et perspectives

1. Pourquoi dire de l'objet qu'il est un mixte, et non une simple médiation, entre l'homme et la nature ?
2. En quoi le mode opératoire d'un objet est-il révélateur de la pensée de celui qui l'a conçu ?
3. A-t-on toujours conscience de cette pensée originelle ? Justifiez votre réponse en vous appuyant sur le texte et trouvez d'autres exemples.

---

1. ***Son essence*** : l'ensemble de ce qui le constitue.

■ François Bon, *Autobiographie des objets* (2012)

Ingénieur de formation et écrivain français né en 1953, François Bon se consacre entièrement à la littérature depuis *Sortie d'usine*, son premier roman, publié en 1982 : livres, théâtre, films, ateliers d'écriture, sites Internet littéraires, édition de textes numériques... D'un fragment de mémoire à l'autre, son *Autobiographie des objets* dresse l'inventaire des objets qui ont marqué son enfance. Ainsi en va-t-il du microscope, dont la description minutieuse témoigne de la fascination qu'il exerce sur l'auteur : instrument qui permet d'explorer le monde, d'en créer d'autres et, finalement, de voir les choses autrement.

[L'objet et ses possibilités]

On m'avait offert pour Noël un microscope. Je le revois avec une extrême précision, dans sa boîte rectangulaire de carton bleu rigide : j'ai passé assez d'heures avec lui. [...]

Ce qui m'étonnait, c'était sa lourdeur. Un pied de métal en fourche plane et pesante, qui s'arrondissait dans la partie verticale pour permettre le glissement du tube. Le grain du métal tenait à sa fabrication en fonderie, mais je ne m'y connaissais pas dans tout ça à l'époque. Deux gros boutons lisses d'alu chromé pour les réglages, un pour l'angle par rapport à la verticale et un pour ajuster la hauteur du tube, et la possibilité avec les deux mains d'un mouvement combiné.

Le tube lui-même et ses optiques[1] sur un anneau pivotant décentré oblique avec trois focales[2] *via* trois nouveaux cylindres de taille croissante, je dirais grossissements 60, 150, 300 – la plus grande frôlant alors le verre. Mais il est loin, le temps du

1. ***Optiques*** : systèmes qui permettent la vision.
2. ***Focales*** : distances entre les lentilles et leur foyer principal, c'est-à-dire le point où se rejoignent les rayons lumineux que les lentilles dévient.

microscope : lorsque nous avons vidé la maison, après la mort de mon père, je l'ai de suite reconnue, la boîte de carton bleu, posée sur une poutre du faux grenier avec les autres trésors de cette guerre humble qu'est la mémoire.

Mention pour le miroir convexe concave [1], les deux faces cerclées de métal noir, qu'on orientait sous la lampe pour éclairer la petite ouverture ronde par en dessous. Et comme on s'y regardait soi-même, agrandi ou déformé.

Dans de minuscules boîtes plates il y avait la réserve de plaques de verre, des petits rectangles fragiles, et les lamelles à intercaler entre la plaque de verre et l'objectif.

Toute la première année, je fais des expériences : celles conseillées par le petit livret associé (la magie du livre, même d'un simple manuel, toujours plus forte pour moi que celle de l'objet lui-même). Bien sûr les ailes de mouche, les pattes d'araignée, l'œil de l'abeille et tout ce qu'on pouvait décortiquer d'insectes. On se piquait d'un bout d'aiguille pour examiner l'intérieur d'une goutte de sang. Un cheveu devenait un monde, avec son tube large et ses parois d'animal hérissé, mais ce serait tellement plus fort ensuite avec le pou de Lautréamont [2], qui parlait, lui, au moins.

La fascination commençait lorsqu'on fabriquait soi-même ces mondes qui ne se révélaient que par l'objectif : on commençait par les moisissures, et dans la cour, dans de vieux bidons d'huile découpés, je laissais du pain, des morceaux de fruits ou de viande, pour examiner ces forêts qui leur poussaient. Plus complexes, parce qu'il fallait des lamelles, les cultures en milieu liquide : ce qui me permet de dater, puisque je vois à distance des boîtes vides de lait Guigoz, ô mon frère Jacques tout jeune.

---

1. ***Convexe concave*** : courbe, bombé à l'extérieur et creux à l'intérieur.

2. ***Lautréamont*** (1846-1870) : de son vrai nom Isidore Lucien Ducasse, poète français, représentant du mouvement décadent et auteur des *Chants de Maldoror* (1869). François Bon fait ici référence à un passage de l'œuvre où le narrateur invite le lecteur à regarder un pou au microscope.

Il suffisait d'exposer un fond de liquide à l'air libre, sur le rebord de la fenêtre ou caché dans les mansardes du grenier, même pas interdit d'y écraser puis laisser tremper ces énormes araignées qui semblaient endormies pour l'éternité dans leur recoin de vitre sous toile lourde et empoussiérée. Cela vous prenait des verts profonds et des odeurs qui s'épaississaient à mesure de la soupe résultante (je la perçois encore). Sous la lamelle, d'étranges vaisseaux ovales défilaient lentement, avec noyau plus géométrique : là, c'est le contact de l'œil objectif qui me revient, le temps anxieux à retrouver ce qu'on observe en passant au grossissement supérieur, *via* les deux boutons cylindriques lisses plus petits pour le déplacement horizontal des lamelles.

Mais question finalement plus profonde : pourquoi ce désintérêt rapide et définitif pour ce qu'on nomme désormais *sciences du vivant* (et pourtant, comme j'aimerais lire, plus tard, et Buffon et Darwin ou Fabre, et bien sûr *La Logique du vivant* de François Jacob[1]) ? Ce qu'on ferait plus tard au lycée avec les *loupes binoculaires*[2] me semblerait banal et rasant. C'est plutôt cette sensation de monde qui s'ouvre, et d'y déambuler, avec architectures et labyrinthes, qui me retenait ici. Les livres me l'apporteraient, bientôt, sans besoin d'autre appareil.

Mais aussi pour avoir découvert que le microscope il suffisait de le tenir à l'envers pour le braquer sur la nuit, les étoiles, les plafonds et fenêtres, les arbres, la vie courante, et qu'alors on rêvait bien plus. Le tenir comme un sextant[3] de navire, un

1. ***Georges-Louis Leclerc de Buffon*** (1707-1788), ***Charles Darwin*** (1809-1882), ***Jean-Henri Fabre*** (1823-1915) et ***François Jacob*** (1920-2013) : scientifiques dont les essais ont marqué l'histoire des sciences du vivant.
2. ***Loupes binoculaires*** : instruments de grossissement qui permettent l'observation des insectes, plantes et minéraux.
3. ***Sextant*** : instrument ancien de navigation servant à calculer la position du navire.

monocle[1] d'aristocrate, planté au milieu de sa chambre même. Et c'est bien là qu'était le mystère, dans ce qui tout près pouvait se démultiplier, sans rien expliquer. Et que l'instrument même importait peu. Je crois que plusieurs semaines je l'emportai partout avec moi, le lourd microscope tenu à l'envers, pour revoir autrement ce qui m'entourait – et n'en pas revenir.

« Au microscope », *Autobiographie des objets*,
© Seuil, coll. « Fiction & Cie », 2012, p. 60-63.

Analyse et perspectives

1. Analysez la minutie avec laquelle l'auteur s'emploie à décrire le microscope. Qu'en pensez-vous ?
2. Quelles sont les possibilités de l'objet décrit ? En quoi l'homme les transcende-t-il ?
3. S'approprier un objet permet-il de s'approprier le monde ? Argumentez votre réponse à l'aide d'exemples.

2. Fabrication et modes de production

D'abord conçu par la pensée, l'objet est ensuite créé, selon un mode de fabrication qui est soit artisanal soit industriel, avant de devenir un bien de consommation. Dans le cas de la production artisanale, s'il peut être reproduit plusieurs fois, l'objet reste frappé du sceau de l'unicité. Et, jusque dans son processus de commercialisation, il possède un référent unique. Il se distingue ainsi de l'objet industriel, qui permet la reproduction à l'identique et en série, et répond à une division du travail (de l'étude à la gestion des stocks en passant par la fabrication et la commercialisation). Le premier est fabriqué manuellement, là où le second recourt à la machine (mécanisation, automatisation, puis robotisation de la production).

1. ***Monocle*** : verre correcteur que l'on fait tenir dans une des arcades sourcilières.

Dans les deux cas, il possède une valeur financière qui dépend de la valeur ajoutée[1] à la valeur du matériau, mais pas uniquement. Elle est aussi déterminée par la confrontation de l'offre et de la demande.
C'est précisément au statut de l'objet défini par sa reproductibilité que s'intéressent les textes d'Alessandro Zinna (ci-dessous) et de Walter Benjamin (p. 37). Zola, en pleine révolution industrielle, scrute les effets sur l'homme de l'instauration d'un mode de production mécanique (p. 39). Tristan Garcia, lui, analyse la relation entre production et consommation de masse dans son *Traité des choses* (p. 42).

■ Alessandro Zinna, « L'objet et ses interfaces » (2005)

Dans leur recueil d'articles intitulé *Les Objets au quotidien*, Jacques Fontanille et Alessandro Zinna, directeurs de recherche et enseignants universitaires, s'intéressent à la production des objets. L'article ci-dessous, écrit par Alessandro Zinna, analyse la façon dont la reproductibilité d'un objet est inscrite dans son mode même de production. À l'objet produit de façon artisanale correspond l'unicité ; à l'objet produit de façon industrielle, la répétition à l'identique. Mais ces deux catégories se rejoignent dans le cas de l'objet design.

[Entre artisanat et industrie]

[...] l'objet produit selon des intentions artistiques ou seulement esthétiques met en valeur la *variation* et l'*unicité* ; en

1. La ***valeur ajoutée*** est égale à la valeur de la production, diminuée de la consommation intermédiaire. Cette dernière représente ce qu'a acheté ou consommé l'entreprise pour produire l'objet, y compris le temps de travail.

© Darrin Zammit Lupi/Reuters

■ Production en série du Playmobil® dans une usine de Malte, 11 avril 2014. Hautement mécanisée, la production donne corps à des figures en tout point identiques et reproductibles aux quatre coins de la planète.

revanche, l'objet pratique demande l'*invariance* et la répétition *sérielle*[1]. Au moins dans ses parties fonctionnelles, l'objet pratique privilégie la suppression de l'altérité morphologique[2] entre les exemplaires. [...]

Dans ces deux modes de production, l'on aperçoit une *tension* entre l'« unicité » et la « reproductibilité » qui permet de les opposer comme deux pratiques alternatives de la reproduction des objets. Cette opposition n'est pas ancrée dans une culture donnée. Bien que, selon chaque culture, elle puisse recevoir des valorisations différentes, la tension entre ces modes de production apparaît comme une constante anthropologique.

De sa part, la tension vers l'*unicité* déclenche un faire qui valorise la différence et l'exclusivité de l'objet produit. Cette tendance vers l'unicité met donc en valeur la *substance* en tant que lieu de la variation et de singularité spatio-temporelle et morphologique des objets. En revanche, la tension vers la reproductibilité entraîne un programme qui pousse à la répétition et à l'effacement de l'écart différentiel. En définitive, cette tension valorise la *forme* en tant que principe d'invariance et d'interchangeabilité entre les objets. Évidemment, la forme des objets qui ont été produits à la main, même lorsqu'ils sont produits selon une répétition sérielle, présente un surplus de différences. Cette caractéristique de la forme est due au fait que dans l'objet fait à la main la dynamique et le contrôle du geste sont plus aléatoires que le contrôle de la même action lorsqu'elle est accomplie par une machine. En effet, avant d'être une *variation sensible*, la variation de l'objet manufacturé est le résultat d'une *variation* dans la *dynamique du geste*. [...]

Pour les objets réalisés à la main, au moins pour les cultures occidentales, cette tension a donné naissance à la production que nous appelons du forgeron, cette dénomination couvrant ici

---

1. ***Sérielle*** : en série.
2. ***L'altérité morphologique*** : la différence de forme.

une *singularité* qui est obtenue *à la main*. Mais souvenons-nous qu'au début la sérialité même des objets est produite *manuellement* (les outils, les armes). Historiquement, cette deuxième position est d'une fédération ou celle d'une école dirigée par un maître artisan ; d'une façon plus abstraite, cette position pourrait être indiquée par l'expression *sérialité manuelle*. D'ailleurs, l'artisanat d'atelier introduit un effacement du sujet individuel au profit d'un sujet collectif qui, au-delà des individualités qui produisent concrètement les objets, opère avec un style commun. Suivant cette évolution, à l'unicité manuelle (forgeron) fait suite le besoin de reproductibilité des objets (artisanat), et à cette reproductibilité obtenue encore manuellement succède la reproductibilité mécanique (industrie). Et pourtant, une fois standardisée la production mécanique, l'exigence d'*unicité* dans la *série* semble réapparaître. Cette position est celle du design. Elle peut être interprétée comme la tentative de réintroduire des effets esthétiques et de singularité, auparavant négligés à la faveur de la stabilisation morphologique de la production industrielle. Deux aspects sont à remarquer dans le phénomène du design : d'une part, une *valeur* ajoutée, donnée par cette recherche dans la forme ou dans la matière (ergonomique, bio ou éco design), de l'autre, la valeur ajoutée par l'introduction de la signature individuelle du designer, qui, comme l'artisan, se porte garant de l'objet industriel, objet qui, précédemment, était anonyme. D'ailleurs, dans la définition du *Petit Robert*, « design » signifie « esthétique industrielle appliquée à la recherche de formes nouvelles et adaptées à leur fonction ». En réalité, le plus souvent, le designer signe le *projet* du produit. La signature et l'unicité ne sont plus celles du produit, mais celles de l'idée originelle d'un projet de production, ainsi que l'on signe une partition musicale au-delà de l'exécuteur matériel qui en donnera une interprétation concrète.

La tendance actuelle voit surgir des produits où s'entrecroisent ces critères. On pourrait soutenir que, une fois que le système des modes de production a exploité ces positions, on découvre un mode de production complexe, où les effets artisanaux marqueraient une unicité dans les produits industriels (par exemple, en ajoutant aux exemplaires d'industrie des décorations à la main), où le design se rapprocherait du mode de production de l'artisanat (par exemple, par recours à des matériaux où la sérialité de certaines parties de l'objet serait obtenue de façon non industrielle). Cette complexification ne change pas le modèle. En effet, elle ne travaille pas les objets mais seulement certaines de leurs parties. L'objet devient ainsi le produit de l'assemblage, dont chaque partie peut être produite par un forgeron-artiste, un atelier d'artisans, une industrie ou le studio d'un designer. En réalité, le plus souvent, la complexité de l'objet post-moderne[1] est donnée par une opération de *montage* : il s'agit de l'assemblage de parties qui sont hétérogènes par rapport à leur mode de production.

« L'objet et ses interfaces », *in Les Objets au quotidien*,dir. J. Fontanille,
© PULIM, coll. « Nouveaux Actes sémiotiques », 2005.

Analyse et perspectives

1. Expliquez brièvement les différentes combinaisons possibles entre *reproductibilité*, *unicité*, production *manuelle* et production *mécanique*. Où situez-vous les fameuses *séries limitées* si souvent évoquées ? Justifiez votre réponse.
2. Quelles sont les caractéristiques de ce que l'on appelle design ? Pour répondre à cette question, appuyez-vous sur le texte, en le reformulant. Citez un objet design illustrant ces caractéristiques.
3. Selon vous, la production sérielle mécanique risque-t-elle de mettre en péril le savoir-faire artisanal ? Signe-t-elle la consécration de ce dernier ou, au contraire,

1. ***Post-moderne*** : apparu après les mouvements culturels considérés aujourd'hui comme modernes.

annonce-t-elle sa périclitation ? Argumentez et développez votre réponse.

■ Walter Benjamin, *L'Œuvre d'art à l'époque de sa reproductibilité technique* (1939)

Avec *L'Œuvre d'art à l'époque de sa reproductibilité technique*, l'intellectuel allemand Walter Benjamin (1892-1940) signe un texte célèbre sur la révolution connue par l'objet au moment où il est devenu possible de le reproduire indéfiniment à l'identique. Il nous conduit à nous interroger sur la différence de statut entre un objet unique et un objet reproduit techniquement en s'appuyant sur la notion d'*aura* de l'objet.

[L'objet *ad libitum* [1] ?]

On pourrait [...] définir [l'aura d'un objet naturel] comme l'unique apparition d'un lointain, si proche soit-il. Suivre du regard, un après-midi d'été, la ligne d'une chaîne de montagne à l'horizon ou une branche qui jette son ombre sur lui, c'est, pour l'homme qui repose, respirer l'aura de ces montagnes ou de cette branche. Cette description permet d'apercevoir aisément les conditionnements sociaux auxquels est dû le déclin actuel de l'aura. Il tient à deux circonstances, liées l'une et l'autre à l'importance croissante des masses [2] dans la vie actuelle. Car *rendre les choses spatialement et humainement « plus proches » de soi, c'est chez les masses d'aujourd'hui un désir tout aussi passionné que leur tendance à déposséder* [3] *tout phénomène de son unicité au moyen d'une réception de sa repro-*

1. ***Ad libitum*** : à volonté (en latin).
2. ***Des masses*** : de la foule, du peuple.
3. ***Déposséder*** : priver.

duction. De jour en jour le besoin s'impose de façon plus impérieuse de posséder l'objet d'aussi près que possible, dans l'image ou, plutôt, dans son reflet, dans sa reproduction. Et il est incontestable que, telle que la fournissent le journal illustré et les actualités filmées, la reproduction se distingue de l'image. En celle-ci unicité et durée sont aussi étroitement liées que le sont en celle-là fugacité [1] et possible répétition. Sortir de son halo l'objet, détruire son aura, c'est la marque d'une perception dont le « sens de l'identique dans le monde » s'est aiguisé au point que, moyennant la reproduction, elle parvient à standardiser l'unique. [...]

L'unicité de l'œuvre d'art et son intégration à la tradition ne sont qu'une seule et même chose. Mais cette tradition elle-même est une réalité vivante, extrêmement changeante. Une statue antique de Vénus, par exemple, appartenait à une autre tradition chez les Grecs, qui en faisaient l'objet d'un culte, et chez les clercs du Moyen Âge, qui y voyaient une malfaisante idole. Mais les uns et les autres avaient pareillement devant eux l'unicité de cette statue, autrement dit son aura. Le mode d'intégration primitif de l'œuvre d'art à la tradition trouvait son expression dans le culte. On sait que les plus anciennes œuvres d'art naquirent au service d'un rituel, magique d'abord, puis religieux. Or c'est un fait de la plus haute importance que ce mode d'existence de l'œuvre d'art, lié à l'aura, ne se dissocie jamais absolument de sa fonction rituelle. En d'autres termes, *la valeur unique de l'œuvre d'art « authentique » se fonde sur ce rituel qui fut sa valeur d'usage originelle et première.* Aussi indirect qu'il puisse être, ce fondement est encore reconnaissable, comme un rituel sécularisé [2], jusque dans les formes les plus profanes du culte de la beauté.

L'Œuvre d'art à l'époque de sa reproductibilité technique (version de 1939),
trad. M. de Gandillac révisée par R. Rochlitz, © Gallimard,
coll. « Folioplus philo », 2008, p. 16-19.

1. ***Fugacité*** : caractère de ce qui s'enfuit, de ce qui s'échappe.
2. ***Sécularisé*** : qui a perdu son caractère religieux.

Analyse et perspectives

1. Comment comprenez-vous la notion d'*aura* d'un objet ? Reformulez la pensée de Walter Benjamin.
2. Quel lien Walter Benjamin établit-il entre les masses et la reproductibilité technique des objets ?
3. Quels sont les avantages et les inconvénients liés à la *reproduction* telle que l'entend Walter Benjamin ? Argumentez votre réponse en vous appuyant sur des exemples contemporains.

■ Émile Zola, *L'Assommoir* (1876)

Le romancier français Émile Zola (1840-1902), chef de file du naturalisme [1], exploite le face-à-face de la machine et de l'homme dans son roman *L'Assommoir*. Dans le contexte de la deuxième révolution industrielle [2], la production mécanique se développe et semble assujettir les ouvriers. Décrivant méticuleusement et de façon réaliste ce nouveau monde qui s'impose aux hommes, Zola met en scène la blanchisseuse [3] Gervaise, personnage principal du roman, qui observe son amant Goujet, dit la « Gueule-d'Or », pendant qu'il forge des boulons, puis visite un atelier mécanique où la machine semble triompher de l'homme.

[La chair contre le fer]

C'était le tour de la Gueule-d'Or. Avant de commencer, il jeta à la blanchisseuse un regard plein de tendresse confiante.

1. ***Naturalisme*** : mouvement littéraire de la fin du XIXe siècle qui cherche à décrire la société de façon objective et précise, en recourant à des méthodes scientifiques comme la documentation, l'observation et l'expérimentation.
2. ***Deuxième révolution industrielle*** : phase de la révolution industrielle (voir note 2, p. 19) qui va des années 1870 à 1914.
3. ***Blanchisseuse*** : teinturière.

Puis, il ne se pressa pas, il prit sa distance, lança le marteau de haut, à grandes volées régulières. Il avait le jeu classique, correct, balancé et souple. Fifine[1], dans ses deux mains, ne dansait pas un chahut de bastringue[2], les guibolles[3] emportées par-dessus les jupes ; elle s'enlevait, retombait en cadence, comme une dame noble, l'air sérieux, conduisant quelque menuet[4] ancien. Les talons de Fifine tapaient la mesure, gravement ; et ils s'enfonçaient dans le fer rouge, sur la tête du boulon, avec une science réfléchie, d'abord écrasant le métal au milieu, puis le modelant par une série de coups d'une précision rythmée. Bien sûr, ce n'était pas de l'eau-de-vie que la Gueule-d'Or avait dans les veines, c'était du sang, du sang pur, qui battait puissamment jusque dans son marteau, et qui réglait la besogne. Un homme magnifique au travail, ce gaillard-là ! Il recevait en plein la grande flamme de la forge. Ses cheveux courts, frisant sur son front bas, sa belle barbe jaune, aux anneaux tombants, s'allumaient, lui éclairaient toute la figure de leurs fils d'or, une vraie figure d'or, sans mentir. Avec ça, un cou pareil à une colonne, blanc comme un cou d'enfant ; une poitrine vaste, large à y coucher une femme en travers ; des épaules et des bras sculptés qui paraissaient copiés sur ceux d'un géant, dans un musée. Quand il prenait son élan, on voyait ses muscles se gonfler, des montagnes de chair roulant et durcissant sous la peau ; ses épaules, sa poitrine, son cou enflaient ; il faisait de la clarté autour de lui, il devenait beau, tout-puissant, comme un bon Dieu. Vingt fois déjà, il avait abattu Fifine, les yeux sur le fer, respirant à chaque coup, ayant seulement à ses tempes deux grosses gouttes de sueur qui coulaient. Il comptait : vingt-et-un, vingt-deux, vingt-trois. Fifine continuait tranquillement ses révérences de grande dame. […]

---

1. ***Fifine*** : surnom que la Gueule-d'Or donne à son outil.
2. ***Bastringue*** : bal populaire.
3. ***Guibolles*** : jambes (argot).
4. ***Menuet*** : danse à trois temps pratiquée par l'aristocratie.

Ensuite, il haussa la voix pour donner des explications, il passa aux machines : les cisailles mécaniques qui mangeaient des barres de fer, croquant un bout à chaque coup de dents, crachant les bouts par-derrière, un à un ; les machines à boulons et à rivets [1], hautes, compliquées, forgeant les têtes d'une seule pesée de leur vis puissante ; les ébarbeuses [2], au volant de fonte, une boule de fonte qui battait l'air furieusement à chaque pièce dont elles enlevaient les bavures ; les taraudeuses [3], manœuvrées par des femmes, taraudant les boulons et leurs écrous, avec le tic-tac de leurs rouages d'acier luisant sous la graisse des huiles. Elle pouvait suivre ainsi tout le travail, depuis le fer en barre, dressé contre les murs, jusqu'aux boulons et aux rivets fabriqués, dont des caisses pleines encombraient les coins. Alors, elle comprit, elle eut un sourire en hochant le menton ; mais elle restait tout de même un peu serrée à la gorge, inquiète d'être si petite et si tendre parmi ces rudes travailleurs de métal, se retournant parfois, les sangs glacés, au coup sourd d'une ébarbeuse. Elle s'accoutumait à l'ombre, voyait des enfoncements où des hommes immobiles réglaient la danse haletante des volants, quand un fourneau lâchait brusquement le coup de lumière de sa collerette de flamme. Et malgré elle, c'était toujours au plafond qu'elle revenait, à la vie, au sang même des machines, au vol souple des courroies, dont elle regardait, les yeux levés, la force énorme et muette passer dans la nuit vague des charpentes.

Cependant, Goujet s'était arrêté devant une des machines à rivets. Il restait là, songeur, la tête basse, les regards fixes. La machine forgeait des rivets de quarante millimètres, avec une aisance tranquille de géante. Et rien n'était plus simple en vérité. Le chauffeur prenait le bout de fer dans le fourneau ; le frappeur

---

1. ***Rivets*** : courtes tiges cylindriques permettant de tenir attachées deux pièces l'une à l'autre.

2. ***Ébarbeuses*** : meules qui rendent lisse la pièce de métal juste fondue.

3. ***Taraudeuses*** : machines servant à creuser les vis en spirale.

le plaçait dans la clouière, qu'un filet d'eau continu arrosait pour éviter d'en détremper l'acier ; et c'était fait, la vis s'abaissait, le boulon sautait à terre, avec sa tête ronde comme coulée au moule. En douze heures, cette sacrée mécanique en fabriquait des centaines de kilogrammes. Goujet n'avait pas de méchanceté ; mais, à certains moments, il aurait volontiers pris Fifine pour taper dans toute cette ferraille, par colère de lui voir des bras plus solides que les siens. Ça lui causait un gros chagrin, même quand il se raisonnait, en se disant que la chair ne pouvait pas lutter contre le fer.

L'Assommoir, éd. C. Pierre-Gnassougnou,
GF-Flammarion, 2000, p. 215-219.

Analyse et perspectives

1. Dans le début de l'extrait, analysez comment l'auteur valorise le travail manuel à travers l'adresse de l'ouvrier, la beauté de son geste et les relations particulières qu'il noue avec son outil.
2. Dans la suite du texte, relevez les différents procédés utilisés par Émile Zola pour évoquer le caractère inquiétant et troublant de la machine. Quels sont les sentiments éprouvés par Gervaise ? Que veut montrer l'auteur à travers cette scène ?
3. Selon vous, la troisième révolution industrielle[1], que d'aucuns voient comme celle du virtuel, affranchit-elle l'homme de la peur qu'il a connue lors de l'avènement des machines industrielles ? Argumentez votre réponse.

■ Tristan Garcia, *Forme et objet. Un traité des choses* (2011)

Dans *Forme et objet. Un traité des choses*, l'écrivain et philosophe français Tristan Garcia (né en 1981) analyse la relation qui existe

1. ***Troisième révolution industrielle*** : voir note 2, p. 19.

entre la production et la consommation des objets. Si la production a pour objectif logique la consommation, la consommation se traduit à son tour en production. Les biens de luxe semblent rompre ce cercle vertueux ; toutefois, certains économistes s'appliquent à souligner leur utilité.

[Le luxe, gouffre ou manne économique ?]

L'économie politique classique consiste en un modèle du rapport entre les hommes et les choses selon lequel ce que les hommes font aux choses relève soit de la *consommation*, soit de la *production*. Et ce que les choses font aux hommes relève soit du *plaisir* (qu'on cherche à augmenter), soit de la *douleur* (qu'on cherche à diminuer).

L'économie politique repose dès lors, avec les premiers écrits systématiques sur la valeur ou la monnaie qui se considèrent comme scientifiques, dans l'élaboration d'un circuit entre consommation et production. L'entraînement positif de l'une par l'autre est appelé *richesse* ou *enrichissement*, et elle fait l'objet du grand ouvrage d'Adam Smith[1]. Exprimant une conviction finalement assez partagée à l'époque, et qui avait même des allures de platitude, Smith pose que « la consommation est l'unique but, l'unique terme de toute production ». Cette maxime, qui n'est pas directement dirigée contre l'épargne, assigne clairement pour la première fois à l'activité humaine la fonction de dépenser ce qu'elle produit : tout ce que l'homme ajoute au monde des choses est destiné à être consommé, dépensé, c'est-à-dire, d'une certaine manière, perdu. On voit

1. ***Adam Smith*** (1723-1790) : célèbre économiste écossais. Son ouvrage *Recherches sur la nature et les causes de la richesse des nations* (1776) passe pour être le premier livre d'économie moderne.

qu'on est loin désormais des considérations aristotéliciennes[1] sur la contemplation comme pratique couronnant les activités humaines, comme activité qui trouve sa fin en elle-même et qui ne touche précisément pas aux choses, qui ne les détruit ni même ne les affecte.

Si la production humaine se réalise dans la consommation, la consommation doit elle aussi se réaliser dans une production. La perte de ce qui a été gagné doit se renverser en gain : gain de productivité, gain d'activité, gain de bien-être qui n'est qu'une condition à l'augmentation de la production qui se réalisera à son tour dans une consommation accrue. Or tout le problème classique, marginalisé par toutes les pensées de Malthus à Ricardo, de Quesnay à Marx[2], qui n'y voient qu'un résidu plus ou moins épineux, est de savoir que faire de la part de la consommation qui ne se résout pas en production – ce que les classiques appelaient la « consommation improductive ». Adam Smith, qui les nomme *luxuries*, oppose ces marchandises non nécessaires à celles nécessaires, qui sont « non seulement les denrées indispensablement nécessaires au soutien de la vie, mais encore toutes les choses dont les honnêtes gens, même de la dernière classe du peuple, ne sauraient décemment manquer, selon les usages du pays ». Ce qu'on appellera plus tard le « minimum social vital » mêle donc par définition le nécessaire *naturel* (ce qui entretient au minimum la vie humaine individuelle) et le nécessaire *social* (ce qu'une société considère comme indispensable à tout individu qui veut pouvoir intégrer cette société et y figurer « honnêtement ») : tout ce qui outrepasse le nécessaire inextricablement naturel et social, vital et culturel,

1. ***Aristotéliciennes*** : formulées par Aristote (384-322 av. J.-C.). Selon le philosophe grec, la vie la plus parfaite pour l'homme est la vie théorétique, vouée à la contemplation et à la connaissance.
2. ***Thomas Malthus*** (1766-1834), ***David Ricardo*** (1772-1823), ***François Quesnay*** (1694-1774) et ***Karl Marx*** (1818-1883) : quatre penseurs dont les travaux ont posé les bases de l'étude de l'économie moderne.

est défini comme « luxueux », c'est-à-dire comme une perte qui ne trouve pas immédiatement son gain.

Il est important de faire la part, à l'âge classique, des thèses morales et/ou sociales sur le luxe qui jugent de sa valeur au regard de valeurs transcendantes, essentiellement religieuses, et des thèses économiques qui jugent simplement de sa valeur d'utilité, du gain ou non qu'il y a à dépenser au-delà des nécessités de ce qu'on pourrait avoir à y gagner. [...]

Quant aux économistes, leurs hypothèses relatives à la fonction du luxe, de la consommation improductive, sont variées et parfois étonnantes. Pour Hume[1], par exemple, la consommation de haut niveau permet aux industries productrices de marchandises de luxe d'apparaître aux yeux des industriels comme une « réserve de main-d'œuvre » en cas de nécessité. Réservoir de travailleurs en cas de nécessité, le luxe semble chez Mandeville[2] une variante de vice privé, de recherche égoïste de l'intérêt propre qui se retourne en bien public en faisant fonctionner la société. Butel-Dumont[3], dans sa *Théorie du luxe*, soutient une thèse comparable. D'autres auteurs, comme Malthus, opposent néanmoins le luxe à l'épargne, au point de voir, à l'instar d'Adam Smith, le luxe comme une « dépense ruineuse » (*dissaving*, la « désépargne »). Les économistes se rangent alors du côté de ceux qui promulguaient jadis des lois somptuaires[4] afin d'empêcher certains de vivre au-dessus de leur condition et d'interdire leur ruine dans une société de cour qui contraignait parfois le haut fonctionnaire à apparaître économiquement plus qu'il n'était socialement en réalité.

---

1. ***David Hume*** (1711-1776) : philosophe et économiste écossais.
2. ***Bernard Mandeville*** (1670-1733) : penseur et médecin hollandais, particulièrement connu pour sa *Fable des abeilles* (1714-1729), où il soutient que les vices privés, comme le goût du luxe, peuvent être d'utilité publique en créant de la richesse.
3. ***Georges Marie Butel-Dumont*** (1725-1788) : économiste et historien français, auteur d'une *Théorie du luxe* (1771).
4. ***Lois somptuaires*** : lois qui limitent les dépenses de luxe.

Cette contradiction marque la difficulté, pour l'économie classique alors en gestation, de comprendre l'intérêt d'une consommation sans intérêt, d'une dépense qui ne se reverse[1] pas socialement immédiatement en gain de production – à la manière dont la production se reverse en consommation.

Pourtant, en redéfinissant l'acte même de consommation, la théorie classique parviendra précisément à intégrer la dépense et la perte comme fonction économique d'utilité.

Forme et objet. Un traité des choses, © PUF, 2011, p. 336-339.

Analyse et perspectives

1. Résumez la relation qui existe entre production et consommation des objets.
2. Quel problème le bien de luxe pose-t-il au sein du cycle production/consommation ? Quels arguments viennent défendre les biens de luxe et leur fonction ? Appuyez-vous sur le texte pour répondre à ces questions.
3. D'après vous, le bien de luxe est-il superflu ? Le superflu est-il nécessaire à l'homme et à son bien-être ? Argumentez vos réponses.

1. ***Se reverse*** : se rembourse, trouve une compensation.

II. Fonctions et valeurs de l'objet

Historiquement, l'objet est indissociable de la fonction utilitaire pour laquelle il a été créé. Cependant, depuis l'Antiquité au moins, à la fonction d'usage de l'objet s'adjoignent d'autres fonctions, bien différentes : esthétique ou ludique, visant à créer une émotion, mais aussi socioculturelle. Chez les Anciens, ciselée et en argent massif, une coupe à boire devient le témoin d'une certaine réussite sociale, quand celle du pauvre paysan demeure d'argile. Dans la Grèce antique, l'objet possède donc déjà une incontestable valeur sociale, au point qu'il peut être associé à des rites : un orateur obtient un droit de parole quand il tient à la main un petit sceptre, qui peut être une branche comme un objet de valeur. Signe porteur d'un droit essentiel (le droit de parole), l'objet occupe alors une place centrale dans la relation sociale qu'entretiennent les individus d'une même communauté.

À ces différentes fonctions s'ajoute une dernière dimension : la valeur affective, que l'homme accorde, consciemment ou non, à un objet devenu partie intégrante de l'intimité.

Ainsi, délesté de sa fonction utilitaire, l'objet se trouve investi d'autres fonctions et valeurs. Quelles sont les différentes facettes de cette métamorphose ? Tout objet, même standardisé, peut-il être considéré au-delà de sa seule utilité ?

1. Objet ou gadget ? La fonction utilitaire en question

Si l'on considère spontanément qu'un objet répond à une fonction précise et nécessaire, la notion de gadget remet en question cette approche. En outre, un objet tenu aujourd'hui pour un gadget, dans quelques années, pourra apparaître nécessaire. Enfin, même superflu, l'objet peut encore sembler essentiel, car, à en croire Voltaire, « Le superflu [est] chose très nécessaire » (*Le Mondain*, 1736). Autant de constats qui nous interrogent sur notre conception de la fonction utilitaire de l'objet et qui questionnent nos habitudes et nos modes de pensée.

Si Francis Ponge dresse avec humour le portrait d'un cageot, objet servant à satisfaire un besoin particulier et précis, mais voué à une vie éphémère (ci-dessous), Baudelaire, lui, s'empare d'un objet inséparable du poète, qui y concentre toutes ses fantaisies, devenant alors indispensable malgré ses allures de gadget (p. 50). Selon quels critères décide-t-on qu'un objet est un gadget ou non ? La subjectivité attachée à la fonction utilitaire est précisément au centre des analyses de Jean Baudrillard (p. 51). S'il est bien un objet qui fusionne et dépasse les catégories de l'utile et de l'inutile, c'est l'iPad, selon Michel Eltchaninoff (p. 54). Enfin, aujourd'hui, d'après une enquête de l'Insee, des objets pourtant jugés indispensables par certains sont loin d'être acquis par l'ensemble des habitants de l'Union européenne, qu'il s'agisse d'une voiture ou d'un ordinateur, par exemple (p. 58).

■ Francis Ponge, « Le Cageot » (1942)

Dans son recueil *Le Parti pris des choses*, le poète Francis Ponge (1899-1988) propose une nouvelle approche des objets les plus familiers, y voyant certaines formes que l'on n'y avait jamais vues, certaines fonctions dont on n'avait jamais vraiment pris conscience.

Ainsi, le cageot est présenté sous un jour inédit : des caractéristiques presque humaines en sont dégagées, même si, en somme, l'auteur en revient à son utilisation primordiale, sinon primaire – transporter des fruits.

Le Cageot

À mi-chemin de la cage au cachot la langue française a cageot, simple caissette à claire-voie [1] vouée au transport de ces fruits qui de la moindre suffocation font à coup sûr une maladie.

Agencé de façon qu'au terme de son usage il puisse être brisé sans effort, il ne sert pas deux fois. Ainsi dure-t-il moins encore que les denrées fondantes ou nuageuses qu'il enferme.

À tous les coins de rues qui aboutissent aux halles, il luit alors de l'éclat sans vanité du bois blanc. Tout neuf encore, et légèrement ahuri d'être dans une pose maladroite à la voirie [2] jeté sans retour, cet objet est en somme des plus sympathiques, – sur le sort duquel il convient toutefois de ne s'appesantir longuement.

« Le Cageot », *Le Parti pris des choses*,
© Gallimard, coll. « Blanche », p. 38.

Analyse et perspectives

1. Quelles sont les émotions attribuées par Francis Ponge au cageot ? Citez le texte.
2. Quel problème ce texte pointe-t-il concernant l'utilisation des objets ? Argumentez votre réponse en vous appuyant sur le texte.
3. Que nous apporte cette nouvelle approche d'un objet aussi ordinaire ? Ce type de texte peut-il changer votre rapport aux objets et pourquoi ?

---

1. ***À claire-voie*** : dont l'assemblage n'est pas serré.
2. ***Voirie*** : rue.

■ Charles Baudelaire, « La Pipe » (1857)

Dans ce poème des *Fleurs du mal*, Charles Baudelaire (1821-1867) choisit le motif de la pipe, souvent exploité en littérature. Il s'emploie à faire parler l'objet, dans une prosopopée qui donne à voir sa fonction. La pipe procure délassement et apaisement à l'auteur qui la fume, faisant corps avec lui dans les moments les plus difficiles.

La Pipe

Je suis la pipe d'un auteur ;
On voit, à contempler ma mine
D'Abyssinienne [1] ou de Cafrine [2],
Que mon maître est un grand fumeur.

Quand il est comblé de douleur,
Je fume comme la chaumine [3]
Où se prépare la cuisine
Pour le retour du laboureur.

J'enlace et je berce son âme
Dans le réseau mobile et bleu
Qui monte de ma bouche en feu,

Et je roule un puissant dictame [4]
Qui charme son cœur et guérit
De ses fatigues son esprit.

« La Pipe », *Les Fleurs du mal*, éd. A. Princen, Flammarion, coll. « Étonnants Classiques », 2014, p. 140.

---

1. ***Abyssinienne*** : d'Abyssinie, région de l'empire éthiopien.
2. ***Cafrine*** : qui vient du sud de l'Afrique ou de la Réunion.
3. ***Chaumine*** : petite chaumière.
4. ***Dictame*** : baume qui soulage des souffrances morales.

Analyse et perspectives

1. Qu'est-ce qu'une prosopopée ? Quel effet crée-t-elle dans le poème de Baudelaire ?
2. La pipe semble-t-elle être un objet nécessaire ou superflu pour l'auteur dont parle le poème ? Justifiez votre réponse en vous appuyant sur le texte.
3. L'invention de la pipe et celle de la cigarette peuvent-elles être considérées comme des signes de progrès au regard de leurs conséquences sur la santé ?

■ Jean Baudrillard, « Le gadget et le ludique » (1970)

Dans *La Société de consommation*, le philosophe et sociologue Jean Baudrillard (1929-2007), analysant la société de la fin des années 1960, explique que nos relations sociales sont structurées par la consommation de masse, qui n'est plus un moyen de satisfaire nos besoins, mais plutôt l'expression de notre besoin de nous différencier (voir aussi p. 117). Mettant au jour certaines tendances, il pointe du doigt l'accumulation des gadgets, indiquant que tout objet peut devenir gadget, l'absence de finalité fonctionnelle ne se décidant que subjectivement et moralement. La dimension ludique qui s'empare alors de l'objet tente de supplanter la valeur utilitaire sans résoudre l'angoisse qu'occasionne la disparition de cette dernière.

[L'inutilité fonctionnelle de l'objet]

La machine fut l'emblème de la société industrielle. Le gadget est l'emblème de la société post-industrielle. Il n'y a pas de définition rigoureuse du gadget. Mais, si l'on admet de définir l'objet de consommation par la disparition relative de sa fonction objective (ustensile) au profit de sa fonction de signe, si l'on admet que l'objet de consommation se caractérise par une espèce d'*inutilité fonctionnelle* (ce qu'on consomme, c'est précisément autre chose que de l'« utile »), alors *le gadget est bien la vérité de l'objet en société de consommation*. Et, à ce titre, *tout peut devenir gadget* et tout l'est potentiellement. Ce qui définirait le gadget serait son inutilité potentielle et sa valeur combinatoire ludique[1]. Gadgets sont donc aussi bien les badges, qui ont eu leur heure de gloire, que « Venusik », cylindre de métal poli parfaitement « pur » et inutile (sinon comme presse-papiers, mais c'est la fonction à laquelle on voue tous les objets qui ne servent à rien !). « Amateurs de beauté formelle et d'inutilité potentielle, le fabuleux "Venusik" est arrivé ! »

Mais c'est aussi bien – car où va commencer l'inutilité « objective » ? – cette machine à écrire qui peut écrire sur treize registres différents de caractères, « selon que vous écrivez à votre banquier ou à votre notaire, à un client très important ou à un vieil ami ». C'est le bijou sauvage pas cher, mais c'est aussi le bloc-notes I.B.M.[2] : « Imaginez un petit appareil de 12 cm sur 15 cm, qui vous accompagne partout, en voyage, au bureau, en week-end. Vous le prenez d'une seule main, un coup de pouce et vous lui chuchotez vos décisions, lui dictez vos directives, lui clamez vos victoires. Tout ce que vous dites est consigné dans sa mémoire… Que vous soyez à Rome, à Tokyo, à New York, votre secrétaire ne perdra pas une seule de vos syllabes… » Rien de plus utile, rien de plus inutile : l'objet technique lui-même redevient gadget, lorsque la technique est rendue à une pratique mentale de type magique ou à une pratique sociale de mode.

Dans une voiture, les chromes, l'essuie-glace à deux vitesses, les glaces à commande électrique sont-ils gadgets ? Oui et non :

---

1. Mais ce n'est pas un jouet, car le jouet a une fonction symbolique pour l'enfant. Cependant, un jouet « new look », un jouet à la mode redevient gadget par là même. (*Note de Baudrillard.*)

2. ***Bloc-notes I.B.M.*** : appareil enregistreur, semblable à un dictaphone.

ils ont quelque utilité au regard du prestige social. La connotation [1] méprisante qui entre dans le terme vient tout simplement d'une perspective *morale* sur l'ustensilité des objets : certains seraient censés servir à quelque chose, d'autres à rien. En fonction de quels critères ? Il n'est pas d'objet, même le plus marginal et décoratif, qui ne serve à quelque chose, ne serait-ce que parce qu'il ne sert à rien et redevient ainsi signe distinctif. Il n'est inversement pas d'objet qui ne serve de quelque façon à rien (c'est-à-dire à autre chose que sa destination). On n'en sortira pas, à moins de définir comme gadget ce qui est explicitement voué à des fonctions secondaires. Ainsi non seulement les chromes, mais le poste de pilotage et la voiture entière sont gadgets s'ils entrent dans une logique de la mode et du prestige ou dans une logique fétichiste [2]. Et la systématique des objets les pousse aujourd'hui tous dans ce sens. [...]

Dans son acception la plus large, le gadget essaie de dépasser cette crise généralisée de la *finalité* et de l'utilité *sur le mode ludique*. Mais il n'atteint pas, et ne peut atteindre, à la liberté symbolique du jouet pour l'enfant. Il est pauvre, c'est un effet de mode, c'est une sorte d'accélérateur artificiel des autres objets, il est pris dans un circuit, où l'utile et le symbolique se résolvent dans une sorte d'inutilité combinatoire, comme dans ces spectacles optiques « totaux », où la fête elle-même est gadget [3], c'est-à-dire pseudo-événement social – un jeu sans joueurs. La résonance péjorative que le terme a prise aujourd'hui (« Tout ça, c'est des gadgets ! ») reflète sans doute, en même temps qu'un

1. ***Connotation*** : signification particulière qui vient s'ajouter au sens ordinaire du mot, ou *dénotation*. La connotation peut être méliorative, péjorative, etc.

2. Sur le fétichisme, voir les textes de Marc Augé, p. 103, et de Freud, p. 106.

3. Dans un spectacle optique total, la fête, créée par les lumières, les formes et les personnes qu'elle fait apparaître, est illusion : le spectateur regarde, il ne participe pas.

jugement moral, l'angoisse que provoque la disparition généralisée de la valeur d'usage et de la fonction symbolique.

« Le gadget et le ludique », *La Société de consommation*, © Denoël, 1970, p. 169-172.

Analyse et perspectives

1. À l'aide du texte, justifiez la phrase de l'auteur : « Ce qui définirait le gadget serait son inutilité potentielle et sa valeur combinatoire ludique. »
2. Quel problème l'inutilité d'un objet induit-elle ?
3. Pensez-vous que la multiplication actuelle des gadgets soit symptomatique d'un mal-être social ? Justifiez votre réponse.

■ Michel Eltchaninoff, « L'iPad, ou la tentation du superflu » (2010)

Agrégé de philosophie et membre de la rédaction de *Philosophie magazine*, Michel Eltchaninoff livre dans cet article une réflexion sur l'iPad. « Objet zéro », sans destination ni fonction principale, la fameuse tablette semble entièrement soumise au choix de ses utilisateurs, et c'est ce qui assure son succès. Pour autant, en feignant de proposer la liberté suprême à l'homme, c'est l'objet qui impose ses servitudes.

[La tablette, une servitude volontaire ?]

[...] posons-nous la question de l'essence[1] de cet objet qui fait rêver des millions de consommateurs. Malgré les apparences, l'iPad n'est pas un produit comme les autres. Ses grands

1. ***Essence*** : voir note 1, p. 27.

frères de la gamme Apple possèdent chacun une fonction première bien définie. L'ordinateur personnel (depuis 1984) sert d'abord à produire des textes, des tableaux et des images. L'iPod (2001), baladeur numérique, permet d'écouter de la musique, l'iPhone (2007) de téléphoner. La tablette, elle, ne remplit aucune tâche prioritaire. Son utilisateur peut naviguer sur Internet, écrire des mails, des textes, lire livres et journaux, regarder des films, écouter de la musique, se diriger dans l'espace... C'est à la fois un ordinateur, un téléphone, éventuellement un livre électronique (ebook) et un GPS. Bref, l'iPad incarne la contingence [1] électronique, ce que l'on pourrait appeler le pur superflu. Comment en est-on arrivé à oser vendre un objet sans fonction directrice ou réellement nouvelle ? Grâce à l'expérience, surprenante, des produits antérieurs. L'apparition d'Internet, de la musique et de la vidéo, a élargi l'usage de l'ordinateur, puis celui du téléphone. L'iPhone est un cas d'école. Il s'agissait à l'origine d'un téléphone à écran tactile, complété d'un navigateur Internet et d'un baladeur. Mais la cause déterminante de son essor commercial n'avait pas été prévue par ses concepteurs. Ce sont ses applications, apparues un an après le lancement du téléphone, qui ont fait son succès. Par ce qu'on peut appeler une loi de débordement, des possibilités annexes ou imprévues sont venues occuper le devant de la scène et réorientent l'usage de l'appareil. Apple semble en avoir tiré un théorème : on ne peut jamais savoir à l'avance ce qui fera le succès d'une de ses nouveautés. D'où son idée de proposer un objet qui n'a aucune fonction principale. À l'usager de s'en rendre maître. [...]

L'iPad est donc un gros iPhone ou un petit ordinateur. Surtout, c'est l'objet zéro. Il brouille la notion de lieu. Il a sa place partout : sur les genoux, le buste, au bout des bras, posé sur n'importe quelle surface. À la fois nomade et sédentaire, il est

1. ***Contingence*** : ici, possibilité.

consultable de n'importe quel endroit, que l'on soit assis, debout, couché, affalé. Déconstruction des lieux, des postures, des tâches. Intimité encore plus puissante avec le corps : suppression de la souris, intensification des possibilités tactiles. La tablette d'Apple est conçue pour devenir un compagnon quotidien et intime. Davantage encore que les applications de l'iPhone, elle tend à ramener l'image numérique vers le concret : le livre électronique que l'on feuillette est presque aussi réel qu'un vieux bouquin. Le carnet de notes imite le bloc de papier jaune gribouillé. Ce rassurant mélange de haute technologie et de familiarité signe la politique de Steve Jobs [1]. Après avoir fait de l'iPhone un couteau suisse (boussole, lampe de poche, niveau, appareil photo, dictaphone, carte géographique, thermomètre, etc.), il veut rendre l'iPad tout aussi simple, tout aussi indispensable et indéterminé qu'une assiette. Les publicités insistent sur le fait qu'il n'en existe ni bon ni mauvais usage. Puisqu'aucune tâche n'est fixée, le mode d'emploi devient inutile. Et, comme la tablette n'a ni haut ni bas, nous sommes libres de la tenir dans le sens que nous voulons – l'image et le texte s'adaptent à notre position. [...]

La chose ne nous oriente pas. C'est elle qui se conforme à nos choix. Il s'agit, à première vue, d'une victoire pour notre autonomie. Les objets techniques ne nous imposent plus leur destination. Un appareil comme l'iPad s'inscrit alors dans la longue histoire de la libération de l'homme vis-à-vis de toute norme ou finalité extérieure. [...] Mais cette liberté a un prix très élevé : la naissance de nouvelles servitudes. Dans une société libérale et de plus en plus affranchie des autorités traditionnelles, des espaces d'aliénation inédits se forment silencieusement, notamment dans le monde du travail et dans celui de

1. ***Steve Jobs*** (1955-2011) : inventeur et entrepreneur américain, cofondateur et directeur général d'Apple puis dirigeant des studios Pixar, à l'origine du premier Macintosh, de l'iPhone puis de l'iPad.

l'opinion, à travers la surexposition aux médias ou la consommation à outrance. En ce qui concerne l'iPad, si vous décidez de l'usage de votre appareil, celui-ci invente des manières de vous diriger insidieusement. Apple, on le sait, contrôle solidement les contenus proposés, notamment celui des fameuses applications. Par ailleurs, la multiplication des services liés à la géolocalisation, système GPS intégré, fait de l'insouciant possesseur d'un iPad (du moins s'il a souscrit à l'option 3G) un être ciblé par une publicité personnalisée, suivi à la trace, un individu qui oriente sa machine, mais qui est tout autant orienté par elle. Finalement, avec cet objet déchargé de toute fonction déterminée, nous sommes encore victimes du syndrome de Tintin [1], une forme originale de soumission librement consentie et une licence [2] acquise au prix de futures servitudes.

« L'iPad, ou la tentation du superflu »,
© *Philosophie magazine*, juillet-août 2010, n° 41, p. 16-17.

Analyse et perspectives

1. Quelle est la finalité de l'iPad ? Quelles sont ses possibilités ?
2. Selon l'auteur, en quoi cet objet symbolise-t-il la « servitude volontaire » et non la liberté ?
3. Confrontez ce texte avec celui de Jean Baudrillard (p. 51). Selon vous, l'iPad est-il un gadget ? Les gadgets asservissent-ils l'homme ? Justifiez votre réponse.

---

1. Allusion à un passage de la bande dessinée *Les Cigares du pharaon*, dans la série *Tintin*. Rencontrant le marchand Oliveira da Figueira pour la première fois, Tintin écoute son boniment et se laisse entraîner à acheter une série d'objets inutiles sans même s'en rendre compte.
2. ***Licence*** : liberté relative, permission.

■ INSEE, « Manque d'équipement des ménages en biens durables au sein de l'UE en 2011 »

L'Institut national de la statistique et des études économiques (INSEE) a réalisé en 2011 une étude qui met en évidence les disparités existant au sein de l'Union européenne en matière d'équipement des ménages en biens durables. Celles-ci sont-elles dues à une approche différente de la valeur fonctionnelle de ces objets et/ou à des ressources qui varient d'un pays à l'autre ?

En pourcentage de la population

	Ménages n'ayant pas les moyens de posséder		
	une voiture	un ordinateur	un lave-linge
Allemagne	7,7	4,5	0,5
Autriche	5,6	3,0	0,4
Belgique	7,0	3,7	1,8
Bulgarie	22,1	20,1	10,6
Chypre	0,9	3,6	0,6
Croatie	8,9	6,7	1,1
Danemark	7,7	1,0	0,9
Espagne	4,5	4,5	0,2
Estonie	15,6	5,6	2,0
Finlande	8,3	2,4	0,7
France	**3,3**	**3,1**	**0,6**
Grèce	8,4	8,9	1,2
Hongrie	22,6	11,9	0,6
Irlande	8,2	5,4	0,3
Italie	2,6	3,2	0,4
Lettonie	30,5	17,1	5,9

	Ménages n'ayant pas les moyens de posséder		
	une voiture	un ordinateur	un lave-linge
Lituanie	14,7	9,8	3,3
Luxembourg	2,2	1,0	0,2
Malte	2,0	1,9	0,4
Pays-Bas	5,6	0,9	0,2
Pologne	10,6	7,4	0,5
Portugal	9,2	8,4	1,5
République tchèque	9,6	5,5	0,4
Roumanie	41,2	24,6	13,6
Royaume-Uni	6,3	2,7	0,3
Slovaquie	16,6	8,7	0,6
Slovénie	3,6	4,0	0,3
Suède	3,1	0,7	0,0
UE	**8,4**	**5,5**	**1,3**

Lecture : en 2011, 8,4 % de la population de l'UE vit dans un ménage ne possédant pas de voiture pour cause de ressources insuffisantes.
Source : Eurostat.

« Manque d'équipement des ménages en biens durables au sein de l'UE en 2011 »,
http://www.insee.fr/fr/themes/document.asp?reg_id=0&ref_id=T14F062.

2. Détournements : l'esthétique et le ludique

Face à la croissance exponentielle du nombre d'objets et de l'importance qu'ils se voient conférer, la réaction d'un certain nombre de penseurs et d'artistes ne s'est pas fait attendre, détournant l'objet de sa fonction utilitaire première pour le doter d'une dimension esthétique ou ludique.

Yves Dauteuille parvient ainsi à renouveler notre approche de l'objet quotidien, devenu inutile car sorti du contexte pour lequel il était initialement prévu et, dès lors, voué à disparaître dans la poubelle (ci-dessous). L'art s'empare lui aussi de l'objet pour en révéler ses dimensions cachées, comme le montre Jacques Prévert dans « Promenade de Picasso » (p. 63), et en faire un sujet esthétique à part entière, ainsi que l'explique Fernand Léger (p. 66). Guillaume Apollinaire ne se contente pas de lui consacrer des poèmes dans *Calligrammes*, il le représente dans la page, incitant le lecteur à déchiffrer sa composition (p. 69). C'est bien aussi une participation active du spectateur que réclame, plus que tout autre, l'art contemporain, celui-là même qui mue l'objet en œuvre d'art : celle-ci n'existe qu'à partir du moment où le public accepte de la reconnaître comme telle, souligne Catherine Millet (p. 71). S'engageant encore plus loin sur la voie de l'esthétisation de l'objet, Huysmans, par l'intermédiaire de son personnage des Esseintes, en vient à concevoir des êtres vivants transformés en objets esthétisés à l'excès (p. 74).

■ Yves Dauteuille, *La Collection* (2010)

Yves Dauteuille réunit sous le titre *La Collection* des « fausses » petites annonces qu'il a publiées sur Internet, sur le site de ventes en ligne leboncoin.fr. À travers celles-ci, l'auteur fait d'un banal objet voué à la poubelle une matière loufoque et poétique, réinterrogeant notre rapport aux choses et à la consommation, tout en dénonçant avec humour le matérialisme propre à notre époque.

[Du bling-bling au dring-dring]

Ce bijou des années 1960 est la réplique presque exacte de la bague de fiançailles de Jeannie Longo[1]. Chef-d'œuvre de la joaillerie acoustique, il ravira l'institutrice amoureuse qui pourra écourter la matinée en faisant retentir elle-même la sonnerie pour rejoindre son prétendant, à la joie des enfants.

Mais c'est bien sûr les cyclistes qui se la disputeront. Astucieusement équipée d'un anneau à vis de serrage, cette bague s'adapte à tous les annulaires, que vous soyez une sprinteuse aux mains potelées ou une grimpeuse aux doigts de gazelle.

Avec elle, non seulement vous aurez l'élégance d'une petite reine[2], mais vous pédalerez en toute sécurité, car son chapeau martelé en métal semi-précieux saura se transformer en poing américain en cas de mauvaise rencontre. Un véritable antiviol de vélo.

« Et son son ? » demanderont les bègues. Qu'ils se rassurent : il est si puissant qu'en randonnée vous réveillerez la campagne endormie (allez-y doucement si la poule y dort[3]).

Trève de sornettes, parlons du prix : 7 €.

Le bijou
bling-bling
est has-been.

L'heure du dring-dring a sonné.

« Bijou pour femme cycliste », *La Collection*, Flammarion, 2012, p. 63.

---

1. ***Jeannie Longo*** (née en 1958) : coureuse cycliste française d'une longévité sportive exceptionnelle. Elle possède un palmarès unique (59 titres nationaux et 13 titres de championne du monde) et a gagné ses premiers titres lorsque ses dernières concurrentes n'étaient pas encore nées.

2. ***Petite reine*** : surnom donné à la bicyclette.

3. Jeu de mots sur le nom du cycliste Raymond Poulidor (né en 1936).

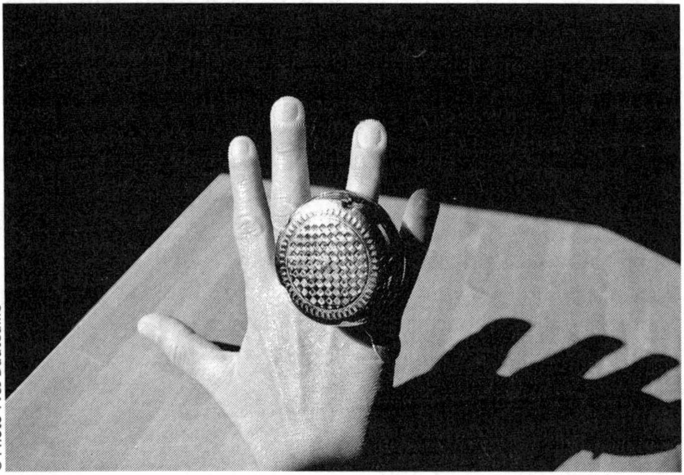

© Photo Yves Dauteuille

■ Le « Bijou pour femme cycliste », d'Yves Dauteuille.

Analyse et perspectives

1. Relevez les champs lexicaux du bijou et du cyclisme puis confrontez-les à l'image.
2. Analysez les procédés qui participent du registre comique.
3. En quoi ce texte interroge-t-il notre rapport aux objets et principalement aux fonctions que nous leur attribuons ?

■ Jacques Prévert, « Promenade de Picasso » (1946)

Ce poème de Jacques Prévert (1900-1977) appartient à son recueil *Paroles*, paru au lendemain de la Seconde Guerre mondiale. Pointant du doigt l'impasse à laquelle est confronté le peintre réaliste, son poème a valeur d'art poétique, prônant comme méthode artistique l'association d'idées chère aux surréalistes. C'est en empruntant cette voie que l'art permet de révéler toutes les facettes d'un objet, d'en saisir tous les sens et les nuances et de rendre compte de sa réalité. L'art ne doit pas se contenter de figurer l'objet, il doit le saisir dans sa complexité, à la manière des tableaux du peintre espagnol Pablo Picasso (1881-1973), à qui le poète rend ici hommage.

Promenade de Picasso

Sur une assiette bien ronde en porcelaine réelle
une pomme pose
face à face avec elle
un peintre de la réalité
essaie vainement de peindre
la pomme telle qu'elle est
mais
elle ne se laisse pas faire

la pomme
elle a son mot à dire
et plusieurs tours dans son sac de pomme
la pomme
et la voilà qui tourne
dans son assiette réelle
sournoisement sur elle-même
doucement sans bouger
et comme un duc de Guise [1] qui se déguise en bec de gaz [2]
parce qu'on veut malgré lui lui tirer le portrait
la pomme se déguise en beau fruit déguisé
et c'est alors
que le peintre de la réalité
commence à réaliser
que toutes les apparences de la pomme sont contre lui
et
comme le malheureux indigent [3]
comme le pauvre nécessiteux qui se trouve soudain à la merci de n'importe quelle association bienfaisante et charitable et redoutable de bienfaisance de charité et de redoutabilité
le malheureux peintre de la réalité
se trouve soudain alors être la triste proie
d'une innombrable foule d'associations d'idées
et la pomme en tournant évoque le pommier
le Paradis terrestre et Ève et puis Adam [4]

1. ***Duc de Guise*** : membre de la famille de Guise, engagée aux côtés des catholiques lors des guerres de Religions au XVIe siècle (notamment Henri Ier de Guise, troisième duc de Guise).
2. ***Bec de gaz*** : réverbère, autrefois éclairé au gaz.
3. ***Indigent*** : pauvre.
4. ***Adam*** et ***Ève***, premiers êtres humains, ont été chassés du paradis terrestre pour avoir croqué le fruit défendu, souvent représenté comme une pomme.

l'arrosoir l'espalier [1] Parmentier [2] l'escalier
le Canada les Hespérides [3] la Normandie la Reinette et l'Api [4]
le serpent du Jeu de Paume [5] le serment du Jus de Pomme
et le péché originel
et les origines de l'art
et la Suisse avec Guillaume Tell [6]
et même Isaac Newton [7]
plusieurs fois primé à l'Exposition de la Gravitation Universelle [8]
et le peintre étourdi perd de vue son modèle
et s'endort
c'est alors que Picasso
qui passait par là comme il passe partout
chaque jour comme chez lui
voit la pomme et l'assiette et le peintre endormi
Quelle idée de peindre une pomme
dit Picasso

---

1. ***Espalier*** : ligne d'arbres fruitiers dont les branches forment une palissade.
2. ***Antoine Parmentier*** (1737-1813) : agronome français, célèbre pour avoir promu la culture de la pomme de terre en France.
3. ***Hespérides*** : dans la mythologie grecque, nymphes vivant à l'extrémité ouest du monde. Dans leur jardin poussaient des pommes d'or, que le héros Héraklès, lors de ses douze travaux, devait rapporter en Grèce.
4. ***Reinette***, ***reinette du Canada*** et ***pomme d'api*** : variétés de pomme.
5. Jeu de mots avec le ***serment du Jeu de paume*** : le 20 juin 1789, lors des États généraux, à la salle du Jeu de paume à Versailles, les députés du tiers état jurent de rester unis jusqu'à l'établissement d'une Constitution pour le royaume de France.
6. ***Guillaume Tell*** : héros de l'indépendance de la Suisse, qui aurait vécu au XIVe siècle. Il avait été condamné à tirer à l'arbalète dans une pomme située sur la tête de son propre fils, ce qu'il fit sans blesser l'enfant.
7. ***Isaac Newton*** (1642 ou 1643-1727) : physicien anglais. Il aurait compris le phénomène de la gravitation universelle en voyant une pomme tomber d'un arbre.
8. ***Exposition de la Gravitation Universelle*** : jeu de mots avec l'Exposition universelle, grande exposition où chaque pays présente ses découvertes et ses réalisations récentes.

et Picasso mange la pomme
et la pomme lui dit Merci
et Picasso casse l'assiette
et s'en va en souriant
et le peintre arraché à ses songes
comme une dent
se retrouve tout seul devant sa toile inachevée
avec au beau milieu de sa vaisselle brisée
les terrifiants pépins de la réalité.

« Promenade de Picasso », *Paroles*,
© Gallimard, coll. « Folio », 1972, p. 237.

Analyse et perspectives

1. Citez au moins cinq associations d'idées énoncées dans ce poème. Donnez au moins deux associations d'idées qui en sont absentes mais qui auraient pu y figurer.
2. Sur quel ton Prévert traite-t-il la question de la représentation de la réalité ? Justifiez votre réponse en vous appuyant sur deux exemples.
3. Effectuez des recherches sur le sujet suivant : Picasso et le cubisme.

■ Fernand Léger, *Fonctions de la peinture* (1965)

Fernand Léger (1881-1955), artiste-peintre français, fut l'un des premiers à exposer des toiles cubistes. L'œuvre *Fonctions de la peinture* regroupe les articles qu'il a consacrés à l'histoire de la peinture, à la couleur et à l'espace, au spectacle et au cinéma ou encore à l'esthétique de la machine et à l'objet. Concernant ce dernier, il explique que l'art moderne tend à le mettre en valeur, de même que la couleur pure, au détriment du sujet, devenu une simple valeur plastique. Détaillé et en gros plan, l'objet devient enfin apparent.

[L'objet comme sujet]

L'on peut considérer l'évolution actuelle artistique comme une bataille qui se livre et qui dure depuis cinquante années entre la conception *du sujet* comme l'a conçu la Renaissance italienne [1] et l'intérêt pour *l'objet* et le ton pur qui s'affirme de plus en plus dans nos idées modernes.

Cette bataille vaut la peine d'être suivie, étudiée, observée de très près, car elle est toujours très actuelle. C'est une espèce de révolution dont les conséquences sont très importantes. Ce sentiment [2] de *l'objet* est déjà dans les tableaux primitifs – dans les œuvres des Hautes Époques [3] égyptienne, assyrienne, grecque, romane, gothique.

Les modernes vont le développer, l'isoler et en sortir toutes les conséquences possibles. *L'obligation du sujet* n'est plus acceptée. Cette armature qui domine tout l'art de la Renaissance a été brisée.

Le sujet détruit, il fallait trouver autre chose, c'est *l'objet* et la couleur pure qui deviennent la valeur de remplacement.

Dans cette nouvelle phase, la liberté de composition devient infinie. Une liberté totale qui va permettre des compositions d'imagination où la fantaisie créatrice va pouvoir se révéler et se développer.

Cet *objet* qui était enfermé dans le *sujet* devient libre, cette couleur pure qui ne pouvait s'affirmer va sortir. Il devient le *personnage principal* des nouvelles œuvres picturales.

Par exemple, je me trouve devant un paysage composé d'arbres, de ciel, de nuages. Je vais m'intéresser à l'arbre seul, l'étudier et en sortir toutes les possibilités plastiques qu'il com-

---

1. Les artistes de la Renaissance italienne, notamment les peintres, font une large place aux corps et aux portraits humains.
2. ***Sentiment*** : ici, conscience.
3. ***Hautes Époques*** : époques les plus anciennes, archaïques.

porte : son écorce, qui a un dessin souvent expressif, ses branches, dont le mouvement est dynamique, ses feuilles, qui peuvent valoir décorativement. Cet arbre si riche en valeur plastique *est sacrifié* dans le *tableau à sujet*. Isolé, étudié à part, il va nous fournir du matériel pour renouveler l'expression picturale actuelle.

Je dois reconnaître que, dans cette histoire si passionnante de l'objet, le cinéma avec ses gros plans nous a permis d'« aller plus vite ».

La bataille s'est engagée avant. Déjà, les impressionnistes [1] ont commencé la lutte pour la libération. Les modernes ont suivi et ont accentué l'effort.

Mais tout de même le cinéma, je le répète, y est pour quelque chose.

En projetant des fragments de figure – un œil, une bouche, une narine – il a déclenché l'intérêt plastique et fortifié les possibilités déjà existantes.

Un pied dans une chaussure, sous une table, projeté grossi dix fois devient un fait surprenant que vous n'avez jamais remarqué avant. Il prend une réalité, une nouvelle réalité qui n'existait pas quand vous regardez le bas de votre jambe machinalement en marchant ou étant assis.

Un nuage isolé, seul, hors le fond bleu du ciel, a un dessin et un relief souvent d'une richesse que vous ne pouvez découvrir quand il fait partie du paysage.

Les recherches scientifiques, elles aussi, ont permis aux artistes de dégager cette nouvelle réalité.

Des plantes sous-marines, des animaux infiniment petits, une goutte d'eau avec ses microbes grossis mille fois par le microscope deviennent des possibilités picturales nouvelles ou permettent un développement dans l'art décoratif.

---

1. ***Impressionnistes*** : représentants du mouvement pictural de l'impressionnisme (fin du XIXe siècle), qui consiste à saisir l'impression que produit un paysage à un instant donné, en mettant l'accent sur les jeux de lumière et de couleurs.

On s'aperçoit alors que *tout* a un intérêt égal, que la figure humaine, le corps humain n'est pas plus important dans l'intérêt plastique qu'un arbre, une plante, un fragment de rocher, un cordage. Il s'agit de composer un tableau avec ces objets en ayant soin de choisir ceux qui peuvent réaliser une composition. C'est une question de choix de la part de l'artiste.

« L'Esthétique de la machine et l'objet », *Fonctions de la peinture*, © Denoël/Gonthier, 1984, p. 76-79.

Analyse et perspectives

1. De quelles manières la modernité picturale met-elle en avant l'objet ?
2. Selon l'auteur, quels autres domaines avaient déjà ouvert cette voie ? Pourquoi ?
3. Citez des peintres ou des œuvres qui, selon vous, ont fait de l'objet le personnage principal. Justifiez votre réponse.

■ Guillaume Apollinaire, « La Cravate et la Montre » (1918)

Poète et écrivain français, Guillaume Apollinaire (1880-1918) est l'auteur du recueil *Calligrammes*. Reprenant l'idée originale du poète grec Simmias de Rhodes (IVe siècle av. J.-C.), il donne au texte de ses poèmes la forme de l'objet dont ils parlent. Ainsi, « La Cravate et la Montre » représente graphiquement ces deux objets. Les différentes dimensions de l'objet sont ainsi doublement mises en lumière, grâce au jeu esthétique de la poésie sur le signifié et le signifiant [1].

1. Le ***signifié*** est ce qui est désigné par un signe (l'idée de montre, celle de cravate) et le ***signifiant*** est le signe, le mot ou le dessin qui désigne l'objet (la montre, la cravate).

La Cravate et la Montre

LA CRAVATE
DOU
LOU
REUSE
QUE TU
PORTES
ET QUI T'
ORNE O CI
VILISÉ
ÔTE- TU VEUX
LA BIEN
SI RESPI
RER

COMME L'ON
S'AMUSE
BI
EN

les
heures

la
beau
té
de
la
vie
pas
se
la
dou
leur
de
mou
rir

et le
vers
dantesque
luisant et
cadavérique

Mon
cœur

les
yeux

l'enfant

Agla

le bel
inconnu

Il
est
–
5
en
fin

Et
tout
se
ra
fi
ni

les Muses
aux portes de
ton corps

l'infini
redressé
par un fou
de philosophe

semaine

la main

Tircis

« La Cravate et la Montre », *Calligrammes*,
GF-Flammarion, 2014, p. 78.

Analyse et perspectives

1. Comment Apollinaire appréhende-t-il l'objet ? Est-ce une approche ordinaire ?
2. Existe-t-il un rapport entre montre et cravate ? Si oui, lequel ? L'association de ces deux objets vous étonne-t-elle ? Argumentez votre réponse.
3. Selon vous, le calligramme stimule-t-il l'imagination du public ou, au contraire, l'assèche-t-il ? Représenter l'objet permet-il de mieux le cerner ? Argumentez votre réponse et illustrez-la d'exemples précis.

■ Catherine Millet, *L'Art contemporain en France* (1997)

Critique d'art, commissaire d'exposition et écrivain, Catherine Millet (née en 1948) tente de parcourir plus de quatre décennies de création et de réflexion artistique, depuis les années 1960, dans un essai mêlant œuvres, citations et souvenirs personnels. L'auteur identifie dans la production artistique contemporaine des phénomènes multiples parmi lesquels la mise en scène de l'objet. Dans cette nouvelle approche, l'artiste est à la fois démiurge[1] « simple » ingénieur, créateur de l'œuvre unique et artisan œuvrant à sa démultiplication, jusqu'à la dépersonnaliser. Cependant, quel que soit son statut, l'artiste est dépendant de la reconnaissance publique : c'est le regard d'autrui qui reconnaît l'objet comme une œuvre d'art et participe ainsi à l'acte créateur.

[Quand l'objet devient œuvre d'art]

Transcendant ses limites matérielles, l'œuvre d'art a englobé des phénomènes qui la prolongent dans des mondes invisibles.

---

1. ***Démiurge*** : voir note 4, p. 13.

Ambitionnant de jouer un rôle social, elle s'est muée en une distribution d'objets ludiques dans la rue ou bien a fusionné avec l'architecture [1]. Retrouvant une portée magique ou mystique elle a été entraînée par les flux souterrains de la nature et de la nature humaine. L'œuvre d'art s'est dissipée dans le Grand Tout, social ou cosmique. Le statut de l'artiste ne pouvait qu'en être ébranlé.

Deux conceptions s'affrontent. Les gestes d'appropriation spectaculaires renforcent l'image de l'artiste démiurge. Klein [2] est celui qui s'est affirmé avec le plus d'insolence. Agam [3], qui a intitulé l'une de ses réalisations, l'ampoule qui réagissait aux bruits de voix, *Que la lumière soit*, déclare carrément : « Créer la lumière par la parole – voilà l'ambition la plus intime, la plus secrète de l'homme et qui lui permet de rejoindre la divinité. »

D'autres, au contraire, envisagent spontanément d'abandonner leurs prérogatives. Les membres du Grav [4] travaillent anonymement à des réalisations collectives. Ils affirment que « la notion de l'Artiste Unique et Inspiré est anachronique ». C'est au travers du principe de répétition que Soto [5] affronte la question : « En multipliant systématiquement le même signe plastique, je le dépersonnalise jusqu'à l'anonymat. » On invente

1. Par exemple, l'artiste plasticien et sculpteur israélien Dani Karavan (né en 1930) a proposé des œuvres d'art qui sont aussi des programmes d'urbanisme combinant recherche technologique et souci écologique. Un artiste tel Agam (voir note 3) a, lui, réalisé une œuvre produisant à la fois une flamme et un jet d'eau, le *Scupteaufeu* (1970).

2. ***Yves Klein*** (1928-1962) : plasticien français, considéré comme l'une des figures les plus importantes de l'avant-garde picturale de l'après-guerre.

3. ***Yaacov Agam*** (né en 1928) : plasticien israélien, figure de l'art cinétique (art qui produit des objets dont certaines parties sont en mouvement).

4. ***Grav*** : Groupe de recherche d'art visuel ; ensemble de six artistes qui, à partir de 1961, exploitant les jeux d'optique, crée en utilisant la lumière artificielle et de nouveaux matériaux. Ils considèrent que l'art doit être expérimental et s'appuyer sur des connaissances scientifiques, en réaction à l'image de l'artiste démiurge.

5. ***Jesús-Rafael Soto*** (1923-2005) : artiste plasticien d'origine vénézuélienne.

également la fonction d'artiste-ingénieur. Vasarely [1] apparaît de plus en plus comme un ingénieur-décorateur, doublé d'un pédagogue. [...]

En 1913, Marcel Duchamp [2] fixe une roue de bicyclette sur un tabouret ; il signe et date l'ensemble. Il vient d'inventer (avant de le nommer) le ready made [3] et du coup montre l'exemple extrême de l'artiste démiurge : tout ce que l'artiste s'approprie est œuvre d'art.

Cependant, ce pouvoir est concomitant de [4] celui, tout aussi décisif, de la reconnaissance publique. Le geste démiurge n'existe que s'il est accepté en tant que tel, par exemple en figurant au musée. Cette dialectique n'avait pas échappé à l'astucieux Marcel Duchamp, qui déclarait que l'œuvre d'art était « un produit à deux pôles ; il y a le pôle de celui qui fait une œuvre et le pôle de celui qui la regarde. Je donne à celui qui la regarde autant d'importance qu'à celui qui la fait ».

Il est aisé de voir dans cette phrase de Duchamp une prescience de l'« œuvre ouverte ». Autrement dit, le geste démiurge ne s'affirme qu'à une condition : l'entrée en jeu de ce qui lui est par définition antithétique [5], la « participation » des regardeurs à l'acte créateur !

À partir du moment où l'activité de l'artiste ne s'est plus caractérisée par la perpétuation d'une technique ni par la

---

1. ***Jean-Pierre Vasarely*** (1934-2002) : peintre français, fondateur du Grav, à l'origine de l'art optique.
2. ***Marcel Duchamp*** (1887-1968) : artiste français, précurseur de nombreux mouvements d'art contemporain (art minimal, art conceptuel, art corporel, pop art, etc.).
3. ***Ready made*** : mouvance picturale – et acte de création – qui consiste à choisir un objet manufacturé et à le désigner comme œuvre d'art. Initiée par Marcel Duchamp (voir p. 2 de couverture), cette démarche a renouvelé la conception de l'art et particulièrement celle de l'artiste créateur. De nombreux courants actuels de l'art contemporain s'en réclament.
4. ***Concomitant de*** : qui se produit en même temps que.
5. ***Antithétique*** : opposé.

production d'objets spécifiques, elle est devenue tributaire d'un autre critère : l'acceptation par le regardeur, que celui-ci soit ou non un amateur averti, de parachever l'œuvre.

L'Art contemporain en France, Flammarion, 1997, p. 61 et 63.

Analyse et perspectives

1. Analysez la différence que fait l'auteur entre l'artiste « ingénieur » et l'artiste « démiurge ». Dans les deux cas, quelle est la place réservée à l'objet ?
2. Pourquoi l'un comme l'autre artistes ont-ils besoin d'une reconnaissance publique ?
3. Selon vous, quels reproches peut rencontrer cette tendance de l'art contemporain ?

■ Joris-Karl Huysmans, *À rebours* (1884)

Joris-Karl Huysmans (1848-1907) est un écrivain français, considéré comme un auteur décadent[1]. Dans *À rebours*, il met en scène un esthète excentrique, des Esseintes, qui, après une vie agitée, s'est retiré dans un pavillon des faubourgs de Paris. Il s'y consacre à l'étude, rassemblant autour de lui les objets les plus dignes d'intérêt. Poussant à l'extrême sa passion esthétique, il cherche la meilleure combinaison possible d'objets. Dans cette perspective, il fait venir un lapidaire, chargé d'incruster de pierres précieuses la carapace d'une tortue, qui finira par mourir sous le poids de ses joyaux, sorte de double de des Esseintes lui-même.

1. ***Décadent*** : appartenant au mouvement littéraire et artistique du même nom, qui s'exprime à la fin du XIXe siècle, caractérisé notamment par un raffinement poussé à l'excès et un vocabulaire très recherché.

[Transformation éclair pour une tortue]

Cette tortue était une fantaisie venue à des Esseintes quelque temps avant son départ de Paris. Regardant, un jour, un tapis d'Orient, à reflets, et, suivant les lueurs argentées qui couraient sur la trame de la laine, jaune aladin [1] et violet prune, il s'était dit : il serait bon de placer sur ce tapis quelque chose qui remuât et dont le ton foncé aiguisât la vivacité de ces teintes.

Possédé par cette idée il avait vagué [2], au hasard des rues, était arrivé au Palais-Royal, et devant la vitrine de Chevet [3] s'était frappé le front : une énorme tortue était là, dans un bassin. Il l'avait achetée : puis, une fois abandonnée sur le tapis, il s'était assis devant elle et il l'avait longuement contemplée, en clignant de l'œil.

Décidément la couleur tête-de-nègre, le ton de Sienne [4] crue de cette carapace salissait les reflets du tapis sans les activer ; les lueurs dominantes de l'argent étincelaient maintenant à peine, rampant avec les tons froids du zinc écorché, sur les bords de ce test [5] dur et terne.

Il se rongea les ongles, cherchant les moyens de concilier ces mésalliances [6], d'empêcher le divorce résolu de ces tons ; il découvrit enfin que sa première idée, consistant à vouloir attiser les feux de l'étoffe par le balancement d'un objet sombre mis dessus était fausse ; en somme, ce tapis était encore trop voyant, trop pétulant [7], trop neuf. Les couleurs ne s'étaient pas suffisamment émoussées et amoindries ; il s'agissait de renverser la

1. ***Aladin*** : teinture utilisée pour l'impression d'étoffes indiennes.
2. ***Vagué*** : erré.
3. ***Chevet*** : excellent restaurant de l'époque, situé au Palais-Royal, à Paris.
4. ***Tête-de-nègre*** : couleur brun foncé ; ***ton de Sienne*** : couleur terre de Sienne, ocre, tirant sur le brun rougeâtre.
5. ***Test*** : désigne la carapace.
6. ***Mésalliances*** : mauvais mariages, mauvaises combinaisons.
7. ***Pétulant*** : voyant, exubérant.

proposition, d'amortir les tons, de les éteindre par le contraste d'un objet éclatant, écrasant tout autour de lui, jetant de la lumière d'or sur de l'argent pâle. Ainsi posée, la question devenait plus facile à résoudre. Il se détermina, en conséquence, à faire glacer[1] d'or la cuirasse de sa tortue.

Une fois rapportée de chez le praticien qui la prit en pension, la bête fulgura[2] comme un soleil, rayonna sur le tapis dont les teintes repoussées fléchirent, avec des irradiations de pavois[3] wisigoth[4] aux squames[5] imbriquées par un artiste d'un goût barbare.

Des Esseintes fut tout d'abord enchanté de cet effet, puis il pensa que ce gigantesque bijou n'était qu'ébauché, qu'il ne serait vraiment complet qu'après qu'il aurait été incrusté de pierres rares.

Il choisit dans une collection japonaise un dessin représentant un essaim de fleurs partant en fusées d'une mince tige, l'emporta chez un joaillier, esquissa une bordure qui enfermait ce bouquet dans un cadre ovale, et il fit savoir, au lapidaire stupéfié, que les feuilles, que les pétales de chacune de ces fleurs seraient exécutés en pierreries et montés dans l'écaille même de la bête. [...]

Le lapidaire prenait note à mesure des endroits où devaient être incrustées les pierres. Et la bordure de la carapace ? dit-il à des Esseintes.

Celui-ci avait d'abord songé à quelques opales et à quelques hydrophanes[6] ; mais ces pierres intéressantes par l'hésitation de leurs couleurs, par le doute de leurs flammes, sont par trop

---

1. ***Glacer*** : couvrir.
2. ***Fulgura*** : brilla vivement.
3. ***Pavois*** : grand bouclier médiéval.
4. ***Wisigoth*** : de la peuplade constituant la branche occidentale des Goths, peuple dit « barbare ».
5. ***Squames*** : ici, écailles.
6. ***Hydrophanes*** : pierres qui deviennent translucides dans l'eau.

insoumises et infidèles ; l'opale a une sensibilité toute rhumatismale[1] ; le jeu de ses rayons s'altère suivant l'humidité, la chaleur ou le froid ; quant à l'hydrophane, elle ne brûle que dans l'eau et ne consent à allumer sa braise grise qu'alors qu'on la mouille.

Il se décida enfin pour des minéraux dont les reflets devaient s'alterner : pour l'hyacinthe de Compostelle[2], rouge acajou ; l'aigue marine, vert glauque ; le rubis-balais, rose vinaigre ; le rubis de Sudermanie[3], ardoise pâle. Leurs faibles chatoiements suffisaient à éclairer les ténèbres de l'écaille et laissaient sa valeur à la floraison des pierreries qu'ils entouraient d'une mince guirlande de feux vagues.

Des Esseintes regardait maintenant, blottie en un coin de sa salle à manger, la tortue qui rutilait[4] dans la pénombre.

Il se sentit parfaitement heureux ; ses yeux se grisaient à ces resplendissements de corolles en flammes sur un fond d'or ; puis, contrairement à son habitude, il avait appétit et il trempait ses rôties[5] enduites d'un extraordinaire beurre dans une tasse de thé, un impeccable mélange de Si-a-Fayoune, de Moyou-tann et de Khansky, des thés jaunes, venus de Chine en Russie par d'exceptionnelles caravanes[6].

À rebours, éd. D. Grojnowski, 2004, GF-Flammarion, p. 79-82.

Analyse et perspectives

1. Pourquoi des Esseintes prend-il tant de soin à choisir l'ornement destiné à couvrir sa tortue ? Quels sont ses critères de choix ?

---

1. ***Rhumatismale*** : vague, intermittente, par analogie à la douleur que provoque un rhumatisme.
2. ***Compostelle*** : ville du nord de l'Espagne.
3. ***Sudermanie*** : région du sud de la Suède.
4. ***Rutilait*** : brillait d'un vif éclat.
5. ***Rôties*** : tartines de pain grillé.
6. ***Caravanes*** : ensemble de marchands et de bêtes de somme parcourant des zones difficiles, souvent arides.

2. Quels signes permettent de penser que des Esseintes est excessif dans son approche esthétique des objets ? L'objet a-t-il ici une fonction autre qu'esthétique ? Développez votre réponse.
3. Que pensez-vous de l'idée de faire d'un être vivant un objet décoratif ? D'après vous, trouve-t-on encore aujourd'hui des exemples d'un tel comportement ? Argumentez et illustrez votre réponse.

3. La fonction socioculturelle

Au-delà de son utilité première et des possibles détournements qui lui confèrent une valeur esthétique ou ludique, l'objet comporte aussi incontestablement une fonction socioculturelle. Les exemples sont nombreux.
Ainsi en est-il du couteau de poche pour Philippe Delerm (p. 79), qui y voit un élément structurant de son identité et de son rapport au monde construit dès le plus jeune âge. La cravate, elle, semble n'avoir d'autre utilité que de permettre à autrui de juger du degré d'élégance, de goût et de prestance de celui qui la porte, comme le souligne Jean-Claude Bologne (p. 81). Le même mécanisme est à l'œuvre dans le cas des biens de luxe, analysés par Christian Barrère et Walter Santagata (p. 85), dont la possession est un signe extérieur distinctif de richesse. Comme l'objet de luxe, le cadeau, rituel des fêtes de Noël, au XIXe siècle, constitue un marqueur social. Il participe aussi de la stabilité des relations entre les individus, ainsi que l'explique Martyne Perrot (p. 88). À notre époque, manipulé par le plus grand nombre, le téléphone mobile a une incidence sur notre façon de communiquer avec autrui, souligne Aurélie Charpentier (p. 91). De façon plus générale, pour Carlos Moreno (p. 95), c'est l'ensemble des objets numériques qui modifie en profondeur nos rapports sociaux.

■ Philippe Delerm, *La Première Gorgée de bière et autres plaisirs minuscules* (1997)

L'écrivain Philippe Delerm se fait connaître du grand public en 1997 grâce à la publication de son recueil *La Première Gorgée de bière et autres plaisirs minuscules*. En quatre-vingt-dix textes poétiques, écrits dans un style épuré, l'auteur redonne vie à des souvenirs et des moments heureux de l'expérience vécue saisis à travers des lieux ou des objets. Dépossédés de leur fonction utilitaire, ces derniers se parent de connotations, s'accompagnent de réminiscences et de possibles nostalgiques. Ainsi, le couteau de poche devient utile pour soi, permettant de recréer un monde personnel.

[Un objet tout à soi]

Pas un couteau de cuisine, évidemment, ni un couteau de voyou à cran d'arrêt. Mais pas non plus un canif. Disons, un opinel n° 6, ou un laguiole [1]. Un couteau qui aurait pu être celui d'un hypothétique et parfait grand-père. Un couteau qu'il aurait glissé dans un pantalon de velours chocolat à larges côtes. Un couteau qu'il aurait tiré de sa poche à l'heure du déjeuner, piquant les tranches de saucisson avec la pointe, pelant sa pomme lentement, le poing replié à même la lame. Un couteau qu'il aurait refermé d'un geste ample et cérémonieux, après le café bu dans un verre – et cela aurait signifié pour chacun qu'il fallait reprendre le travail.

Un couteau que l'on aurait trouvé merveilleux si l'on était enfant : un couteau pour l'arc et les flèches, pour façonner l'épée de bois, la garde [2] sculptée dans l'écorce – le couteau que vos parents trouvaient trop dangereux quand vous étiez enfant.

---

1. ***Opinel*** et ***laguiole*** : marques réputées de couteaux.
2. ***Garde*** : partie d'une arme blanche destinée à protéger la main tenant l'arme.

Mais un couteau pour quoi ? Car l'on n'est plus au temps de ce grand-père, et l'on n'est plus enfant. Un couteau virtuel, alors, et cet alibi dérisoire :

« Mais si, ça peut servir à plein de choses, en promenade, en pique-nique, même pour bricoler quand on n'a pas d'outil... »

Ça ne servira pas, on le sent bien. Le plaisir n'est pas là. Plaisir absolu d'égoïsme : une belle chose inutile de bois chaud ou bien de nacre lisse, avec le signe cabalistique [1] sur la lame qui fait les vrais initiés : une main couronnée, un parapluie, un rossignol, l'abeille sur le manche [2]. Ah oui, le snobisme est savoureux quand il s'attache à ce symbole de vie simple. À l'époque du fax, c'est le luxe rustique. Un objet tout à fait à soi, qui gonfle inutilement la poche et que l'on sort de temps en temps, jamais pour s'en servir, mais pour le toucher, le regarder, pour la satisfaction benoîte [3] de l'ouvrir et de le refermer. Dans ce présent gratuit [4] le passé dort. Quelques secondes on se sent à la fois le grand-père bucolique [5] à moustache blanche et l'enfant près de l'eau dans l'odeur du sureau [6]. Le temps d'ouvrir et refermer la lame, on n'est plus entre deux âges, mais à la fois deux âges – c'est ça, le secret du couteau.

La Première Gorgée de bière et autres plaisirs minuscules,
© Gallimard, 1997, p. 9-10.

Analyse et perspectives

1. En quoi l'objet fait-il ici le lien entre plusieurs générations ? Comment l'utilisation du conditionnel nuance-t-elle toutefois cette fonction ?
2. Relevez tous les termes qui se rapportent à l'inutilité. Qu'en concluez-vous ?

---

1. ***Cabalistique*** : énigmatique, qui présente un caractère obscur.
2. Emblèmes de grandes marques de couteaux.
3. ***Benoîte*** : rendant bienheureux.
4. ***Gratuit*** : ici, inutile, qui n'apporte rien.
5. ***Bucolique*** : qui relève d'une vision poétique, idéalisée de la campagne.
6. ***Sureau*** : arbuste sauvage aux baies sucrées et odorantes.

3. Selon vous, la fonction de certains objets n'est-elle pas de faire rêver et de permettre de s'échapper de la réalité ? Justifiez votre réponse.

■ Jean-Claude Bologne, *Histoire de la coquetterie masculine* (2011)

Jean-Claude Bologne (né en 1956) est un philologue, historien et romancier belge, auteur d'ouvrages relatifs à l'histoire des mœurs. Dans son *Histoire de la coquetterie masculine*, il met en évidence la fonction socioculturelle de la cravate. Objet devenu caractéristique de la garde-robe masculine, elle nous renseigne sur celui qui la porte.

[Montre-moi ta cravate, je te dirai qui tu es]

[...] à Londres, les beaux et les *dandies* [1], à la suite de Brummell [2], donnent à cet accessoire une importance capitale. Nous avons vu quel soin l'arbitre des modes apportait à la nouer, recommençant inlassablement jusqu'à obtenir l'effet escompté. La Restauration importe en France les exigences du dandysme anglais. Une *Neckclothitania or Tietania* (1818) énumérant les diverses façons de nouer cet accessoire connaît une première traduction en 1823 sous le titre *Cravatiana*. Le but de l'ouvrage est explicite : restaurer, dans le « nivellement général », la distinction entre classes sociales en imposant des règles si complexes que « la partie obscure et laborieuse de la nation n'auroit ni les moyens d'étudier ni le temps de surmonter ».

Mais, quoique « traduit librement », cet ouvrage entend conserver des références aux *fashionables* londoniens. Il est

1. ***Dandies*** : hommes qui allient une extrême élégance à un esprit critique et aristocratique, suivant la mode née en Angleterre au XVIIIe siècle.
2. ***George Bryan Brummell*** (1778-1840) : un des plus célèbres élégants.

repris, paraphrasé et amplifié dans *L'Art de mettre sa cravate de toutes les manières connues et usitées* publié en 1827 sous le nom du baron Émile de l'Empesé. Ne cherchons pas celui-ci dans le Gotha [1] : il cache les signatures d'Émile Marco de Saint-Hilaire, polygraphe [2] facétieux, et d'Honoré de Balzac [3], qui élève au niveau de l'épopée l'art de s'emmitoufler la gorge. Le chapitre sur la cravate en nœud gordien [4], qui ne se défait qu'aux ciseaux, a incontestablement une autre allure que son modèle.

Proclamant d'emblée que « la cravate est l'homme même », « le thermomètre de son degré de goût en fait de mise et d'éducation », l'Empesé ajoute aux quatorze manières classiques de la nouer dénombrées par les *Cravatiana* dix-huit variations, « rangées dans la classe des *romantiques* [5], c'est-à-dire *ad libitum* [6] ». Celui qui, dans *La Comédie humaine*, se ralliera à la physiognomonie [7] à la mode voit dans la cravate le miroir des âmes, des cultures, sinon des disgrâces physiques – les grosses cravates ne viennent-elles pas d'Angleterre, où elles permettent de dissimuler les scrofules endémiques [8] ?

Aussi se targue-t-il [9] de reconnaître à leur cravate l'homme de génie et le petit esprit, mais aussi – engagement littéraire

---

1. ***Gotha*** : almanach annuel regroupant les noms des aristocrates.
2. ***Polygraphe*** : auteur traitant de sujets très variés.
3. ***Honoré de Balzac*** (1799-1850) : écrivain français, auteur de *La Comédie humaine*, peinture de la société du XIXe siècle en 96 romans, nouvelles et essais.
4. ***Nœud gordien*** : nœud inextricable.
5. ***Romantiques*** : se rattachant au mouvement littéraire et culturel du romantisme, qui met en avant l'expression de l'individu. Au début du XIXe siècle, le romantisme est associé à une certaine excentricité, contrairement au classicisme, qui prône la recherche de l'harmonie.
6. ***Ad libitum*** : voir note 1, p. 37.
7. ***Physiognomonie*** : discipline scientifique prétendant qu'on peut lire dans la forme d'un visage les traits de caractère d'un individu. Balzac recourt souvent à la physiognomonie dans ses écrits.
8. ***Scrofules endémiques*** : lésions causées par des maladies infectieuses chroniques.
9. ***Se targue-t-il*** : se vante-t-il.

■ Comédie de Georges Feydeau écrite en 1892, *Le Système Ribadier* est un vaudeville dénonçant avec humour certains travers de la bourgeoisie de la fin du XIXe siècle. La mise en scène de Zabou Breitman au théâtre du Vieux-Colombier à Paris en 2013, par son hypertrophie d'objets – mobilier, bibelots, décoration, tentures, tableaux – connotant tous le milieu bourgeois, souligne la valeur du paraître et l'importance accordée aux lieux de sociabilité dans cette classe sociale. L'objet ne sert plus, il fait signe, socialement et culturellement.

oblige – le romantique et le classique. Ces deux oppositions d'ailleurs se recouvrent. L'esprit exact ne pourra nouer qu'une cravate mathématique, quand le poète préférera la cravate Byron [1], en hommage au grand poète… qui n'en portait guère, sinon « lorsqu'il était contraint de s'astreindre aux bienséances de la vie positive [2] » ! Sans doute craignait-il l'influence de cette mode sur son imagination : « On ne peut douter que la moindre contrainte exercée sur le corps n'agisse presque toujours sur l'esprit. Qui pourrait donc dire jusqu'à quel point une cravate plus ou moins empesée, plus ou moins serrée, peut être susceptible d'arrêter les élans de l'imagination, ou étouffer la pensée ? » Aussi les portraits représentant Byron dans le feu de la composition dégagent-ils son cou de toute entrave, « comme celui de l'indompté coursier [3], libre de toute espèce de frein ». Ce lyrisme qui peut sembler si typiquement balzacien n'en est pas moins un décalque fort exact des *Cravatiana* de 1823.

Histoire de la coquetterie masculine, © Perrin, 2011, p. 298-299.

Analyse et perspectives

1. Comment la cravate permet-elle de distinguer les différentes strates de la société ? Quel aspect de la société du XIXe siècle cette distinction reflète-t-elle ? Appuyez-vous sur des passages précis du texte pour répondre à cette question.
2. Quel rapport est établi entre la cravate, l'esprit et le corps ? Partagez-vous l'idée qu'il faille établir un lien entre eux ? Argumentez votre réponse
3. La cravate est-elle aujourd'hui encore porteuse de sens dans notre société ? Donnez des exemples.

---

1. ***George Gordon Byron*** (1788-1824) : poète britannique, dit aussi « lord Byron », grande figure du romantisme.
2. ***La vie positive*** : la vie sociale telle qu'elle est (par opposition à l'idéal romantique).
3. ***Coursier*** : grand et beau cheval de bataille.

■ Christian Barrère et Walter Santagata, *La Mode, une économie de la créativité et du patrimoine à l'heure du marché* (2005)

Dans *La Mode, une économie de la créativité et du patrimoine à l'heure du marché*, les deux professeurs d'économie Christian Barrère (né en 1946) et Walter Santagata (1945-2013) s'appliquent à définir le bien de luxe aujourd'hui et, ce faisant, soulignent l'évolution de sa fonction socioculturelle à travers les âges.

[Le luxe sous le regard d'autrui]

Le périmètre de l'industrie des biens de luxe n'est pas encore l'objet d'un accord unanime.

Le luxe, c'est l'opposé de la banalisation, de la répétition, c'est le côté unique d'un produit que cherchent les clientes. Et ce besoin d'originalité, de différenciation, d'authenticité va se développer dans le siècle qui s'ouvre. Tout cela sera le vrai luxe français [1].

En ce qui concerne l'analyse développée dans cet ouvrage, nous essayons – mais ce n'est qu'une approximation – de définir ce « côté unique » du produit recherché dans les deux contextes différents que connaît l'offre : la série limitée et la série industrielle.

– La définition officielle de la production en série limitée des biens de luxe par le Service des études et des statistiques industrielles (Sessi) souligne trois caractéristiques de ces produits : leur faible diffusion, la non-pertinence à leur égard de la catégorie « prix de revient [2] » et le fait que « ce sont parfois des modèles uniques ou à série limitée ». Articles de haute qualité, à marché

1. Bernard Arnault, « Entretien », *Le Figaro*, 19-20 janvier 2002.
2. ***Prix de revient*** : coût de la production de l'objet.

très ciblé, la notion de prix de revient n'est donc pas déterminante. Création et recherche sont très poussées et la qualité de la fabrication importante à tous les échelons de la réalisation. La spécificité de ces produits provient avant tout des matières premières avec lesquelles ils sont fabriqués : métaux ou matériaux précieux, textile de Haute Couture… Leur fabrication et leur finition, souvent manuelle, sont recherchées. Enfin, parce que ce luxe est étroitement lié à l'existence de marques prestigieuses de renom international, il subit fortement les nuisances de la contrefaçon.

– La production en série industrielle. Les biens de luxe de mode les plus représentatifs de l'âge contemporain du luxe sont ceux qui sont produits en masse (Louis Vuitton produit annuellement plus de trois millions de sacs). Ces biens, sortis de grandes unités industrielles, sont souvent le produit d'un travail préalable de type artisanal réalisé par des artisans ou de petites entreprises. Cette organisation permet de concilier qualité du luxe et économies d'échelle[1] de la production de masse. Aujourd'hui, le processus de production est dominé par la finance internationale et ce qui compte, c'est que le produit continue d'apparaître comme un produit artisanal, fait à la main, soigné, réalisé par des producteurs attentifs aux particuliers.

Selon Bruno Remaury[2], un bien de luxe industriel – donc produit en grande série – doit malgré cela respecter trois conditions essentielles :

• un prix au maximum de la gamme des prix : cela signifie que, parmi les objets ayant la même fonction et appartenant à la même classe, le produit de luxe se caractérise par le prix le plus élevé ;

• une mise à distance : pour donner accès à la consommation du produit, il faut créer un parcours, physique ou intellectuel, tel

1. ***Économies d'échelle*** : économies réalisées sur le coût de chaque produit grâce à l'augmentation de la production globale.
2. ***Bruno Remaury*** : chercheur à l'Institut français de la mode (IFM).

que le consommateur trouve dans le produit qu'il cherche une certaine exclusivité, qu'il ait à l'acheter dans des boutiques spécialisées et qu'il rencontre ainsi des difficultés à trouver ce produit qui n'est en rien générique ;

• la prédominance de la composante immatérielle : le produit est chargé d'une valeur symbolique, esthétique et culturelle, que la marque représente. La propriété intellectuelle a donc un poids supérieur à celui des matières premières.

La dimension industrielle du luxe contemporain s'inscrit dans le paradigme[1] marchand et industriel du luxe. Alors que, dans la logique des paradigmes aristocratique et de la classe aisée, c'était le type de consommateur ou de consommation qui distinguait le luxe des biens ordinaires, ce n'est plus le cas aujourd'hui. L'écart entre les deux devient de plus en plus lié à une qualité du bien. Si haute couture et Rolls-Royce restent liées à une consommation élitaire, le stylo de luxe peut être consommé par n'importe qui et se distingue des autres stylos selon une logique de la qualité. La qualité de certaines des caractéristiques des biens de luxe est perçue comme une qualité non standard, une « extra-qualité ». La différence de niveau de qualité, différence souvent quantitative quand la qualité est objectivable[2], se mue en différence qualitative ; la qualité est si exceptionnelle que le bien devient un bien non standard. Le luxe est l'« extra-normal », l'extra-ordinaire.

La Mode, une économie de la créativité et du patrimoine à l'heure du marché, © La Documentation française, 2005.

Analyse et perspectives

1. Quelles sont les spécificités d'un objet de luxe ? Varient-elles selon le mode de production de l'objet ?

---

1. ***Paradigme*** : modèle, exemple type.
2. ***Objectivable*** : qui peut être mesurée de façon objective.

2. Quelle évolution caractérise les objets de luxe aujourd'hui ? En quoi leur fonction socioculturelle s'en trouve-t-elle modifiée ? Appuyez-vous sur le texte pour répondre à cette question.
3. L'objet de luxe peut-il perdre sa fonction socioculturelle si n'importe qui peut y accéder ? Développez une réponse argumentée et précise.

■ Martyne Perrot, *Le Cadeau de Noël, histoire d'une invention* (2013)

Martyne Perrot (née en 1946) est une sociologue française du CNRS[1] qui s'intéresse au domaine des traditions et des fêtes, notamment celles de Noël. Elle rappelle ici les conventions attachées au choix du cadeau de Noël dans la bonne société du XIXe siècle. Dûment sélectionné, le présent semble être le gage de bonnes relations sociales.

[Le cadeau de Noël et ses conventions]

[…] « À une personne riche il faut offrir une inutilité ou, du moins, une chose dont elle puisse se passer : bronze, fleurs extrêmement rares, porcelaines anciennes, dentelles précieuses […]. Si l'on est pauvre soi-même, un bouquet très simple. À une personne de position moyenne, un objet qui puisse, à la fois, lui servir et satisfaire une de ses fantaisies. À une personne pauvre, une chose utile, qui lui épargne une dépense[2]. »

Cette notion d'utilité parcourt tout autant les traités d'éducation que les catalogues commerciaux, la presse féminine et les

1. ***CNRS*** : Centre national de la recherche scientifique.
2. L'auteur cite ici la baronne Staffe, Blanche Augustine Angèle Soyer (1843-1911), connue principalement pour son ouvrage *Usages du monde : règles du savoir-vivre dans la société moderne* (1889).

romans édifiants[1] pour la jeunesse. Le pauvre n'a droit au cadeau que s'il est utile, le riche peut, lui, recevoir un cadeau « inutile », c'est-à-dire dont « il puisse se passer ». Dernière convention pour bien offrir un présent à Noël : « Il faut encore étudier les goûts de celui à qui on le destine, et ne pas s'en tenir à ses préférences. » Et l'auteur de donner l'exemple de son oncle « qui adorait les mandarines et détestait les pralines, lequel envoya un jour une caisse de ces petites oranges à une amie qui ne pouvait les souffrir mais raffolait des pralines ».

Entre hommes et femmes, les choses sont plus compliquées, car les cadeaux peuvent être interprétés comme une tentative de séduction ou une déclaration masquée : « Une femme qui reçoit d'un célibataire un présent pour la remercier d'un dîner, par exemple, remercie par l'intermédiaire de son père ou de son mari. Si elle vit seule ou sans parent masculin, elle écrit un court et aimable billet. Il est bien entendu que jamais elle n'offre rien en retour. »

Dix ans plus tôt, dans une de ses chroniques pour *Le Gaulois*[2], datée du 7 janvier 1881, Guy de Maupassant[3] s'était livré, non sans ironie, à un inventaire des étrennes à offrir aux « jolies femmes ». « Un petit bijou est un éloquent plaidoyer », écrivait-il, mais lui semblait, pour cette raison même, un peu « brutal ». C'est, disait-il, comme « ouvrir son porte-monnaie et mettre la somme en la main ». Il faisait néanmoins une exception pour le bijou ancien, plus « discret ». Des fleurs, cadeau sentimental, à celui raffiné et luxueux de la porcelaine de Sèvres ou de Saxe[4], sa chronique nous livre une parodie du traité des

1. ***Édifiants*** : qui incitent à être pieux et vertueux.
2. ***Le Gaulois*** : journal français.
3. ***Guy de Maupassant*** (1850-1893) : écrivain français, auteur de *Bel-Ami* (1885), *Pierre et Jean* (1888), ainsi que de nombreux contes et nouvelles réalistes et fantastiques.
4. Les porcelaines de la manufacture de Sèvres dans les Hauts-de-Seine (signées de deux « L ») et de la région allemande de Saxe (marquées de deux épées) sont célèbres pour leur beauté et leur finesse.

étrennes féminines. Les fleurs sont messagères des sentiments platoniques et les bonbons ne sont qu'un prétexte pour offrir la bonbonnière. Or la bonbonnière achetée chez le bonbonnier indique la simple politesse, quelle que soit d'ailleurs la valeur de l'objet. Cela veut dire : « J'ai dîné souvent chez vous, je vous dois un cadeau sérieux ; tout le monde sait que cette boîte à la mode, achetée chez le confiseur en vogue, coûte vingt-cinq louis ; voilà, c'est un devoir que j'accomplis, nous sommes quittes. La coupe de Chine [1], pleine de marrons ; la porcelaine japonaise, pleine de billes de chocolat ; la boîte en laque, pleine de fondants, expriment une intention plus raffinée. Elles disent : "J'ai voulu vous être agréable ; j'ai cherché ce que je pourrais vous offrir ; j'ai couru les magasins ; je me suis, enfin, donné du mal." Ce sont des présents un peu communs toutefois ; et les seules porcelaines où les doigts mignons doivent puiser les douces sucreries sont celles qui portent les marques anciennes des deux L ou des deux épées : Sèvres ou Saxe, ces sanctuaires du goût exquis. »

Outre la hiérarchie significative qu'il établit entre les présents un « peu communs » et ceux d'un « goût exquis », Maupassant nous convie, un siècle avant l'anthropologue Marcel Mauss [2], à comprendre qu'en ce domaine la seule règle à respecter est l'obligation de rendre, ici un dîner, mais également celle de donner la preuve de l'effort effectué pour dénicher le « bon » cadeau, c'est-à-dire celui qui n'offensera pas la pudeur féminine en respectant la distance sociale requise.

Le Cadeau de Noël, histoire d'une invention,

---

1. ***De Chine*** : en porcelaine de Chine.
2. ***Marcel Mauss*** (1872-1950) : scientifique considéré comme le père de l'anthropologie (science qui étudie l'être humain sous ses caractères tant culturels que biologiques) en France. Dans son texte *Essai sur le don* (1925), Mauss met l'accent sur l'importance sociale du don, qui doit être suivi d'un contre-don.

Analyse et perspectives

1. Selon quels critères choisissait-on son cadeau au XIXe siècle ? Quel aspect de la société de cette époque mettent-ils en lumière ?

2. Quelle(s) convention(s) les propos de Guy de Maupassant font-ils apparaître ? Trouvent-elles encore des échos aujourd'hui ? Citez des exemples pour illustrer votre réponse.

3. Aujourd'hui, l'utilitarisme est-il de mise quand on offre un cadeau ? Argumentez et illustrez précisément votre réponse.

■ Aurélie Charpentier, « Le mobile, doudou du XXIe siècle » (2006)

Dans un article de la revue *Marketing*, la journaliste Aurélie Charpentier s'intéresse au téléphone mobile, qu'elle compare au « doudou [1] », l'objet de réconfort qui suit partout le jeune enfant. Parfaitement intégré dans notre culture, le portable a transformé nos habitudes, au point qu'il semble désormais impossible de s'en affranchir.

[Couper le cordon ?]

Il nous réveille le matin, nous donne l'heure, nous informe de notre emploi du temps de la journée, nous permet de rester en contact avec nos proches quel que soit l'endroit où nous nous trouvons. Le soir en nous couchant nous l'éteignons et dès le réveil nous l'allumons. En très peu de temps, le téléphone

1. Dit aussi « objet transitionnel ». Selon le psychanalyste Donald Winnicott (1896-1971), l'objet transitionnel est un objet choisi par l'enfant pour représenter la présence rassurante du parent.

portable est devenu notre objet fétiche quotidien, posé chez nous sur la table de nuit ou le guéridon de l'entrée. Rangé dans le sac ou la veste avec les clés de la maison. Posé à côté de sa souris d'ordinateur au travail. Il nous suit partout, comme un fidèle animal de compagnie, voire le doudou de notre enfance. Dans son étude sur le mobile réalisée en 2004, le Gripic (Groupe interdisciplinaire sur les processus d'information et de communication), groupe de recherche du Celsa [1], souligne que le téléphone mobile « est à ce point intégré dans notre environnement quotidien qu'il apparaît finalement comme un objet auquel on doit offrir un emplacement consacré. À la manière des clés, pour lesquelles toute une série d'accessoires a été inventée, le mobile a désormais sa pochette dans les sacs à mains ». Pas de doute, il s'est installé dans nos vies, transformant au passage notre relation aux autres et nos comportements. [...]

Car voilà, le téléphone portable n'est pas une affaire de classes sociales. Il touche l'ensemble de la population, aussi bien les cadres que les ouvriers : « C'est un produit à la démocratisation fulgurante. Il s'est diffusé dans toutes les couches de la population », remarque Sophie Pernet. Dans la deuxième édition de l'Observatoire sociétal du téléphone mobile, l'Afom (Association française des opérateurs mobiles) et TNS Sofres [2] remarquent également que, contrairement à d'autres objets communicants qui sont des « marqueurs sociaux », le mobile se distingue par sa présence dans toutes les catégories sociales. C'est donc un phénomène profondément universel. [...]

L'Afom et TNS Sofres parlent à ce sujet de trois générations pour qui les usages, la relation et les valeurs associés au mobile diffèrent. Pour les 12-24 ans, la relation avec le téléphone portable est affective et inconditionnelle, alors que, pour les 25-39 ans, elle est davantage ancrée dans le fonctionnel et le

1. ***Celsa*** : grande école de communication et d'information.
2. ***TNS Sofres*** : institut de sondages français.

rationnel et, pour les 40 ans et plus, purement utilitaire et même distanciée. Un classement qui ne fait pas l'unanimité. Ainsi, Gérald Gaglio [1] préfère distinguer les usages du mobile non pas en termes d'âge, mais en termes d'« étapes de vie ». Une jeune fille de vingt ans qui est étudiante, et une autre jeune fille du même âge qui travaille n'auront pas du tout la même relation avec leur portable. « L'étape de vie est discriminante pour l'utilisation des fonctionnalités », stipule Gérald Gaglio. Il n'est ainsi plus besoin de présenter l'utilisation qu'en font les lycéens, accros aux SMS et au langage texto. Le portable aurait même, pour certains, remplacé la cigarette en tant que symbole du passage à l'âge adulte ! Il leur permet de s'émanciper, de gagner en autonomie, de sortir du cocon familial, de se choisir un groupe d'amis. Selon Alice Holzman, directrice marketing des offres grand public chez Orange, « le mobile représente aux yeux des plus jeunes un outil magique, une porte ouverte sur le monde ». […]

Reste que, quelle que soit la génération concernée et quel que soit l'usage que l'on en fait, le portable a radicalement bouleversé notre quotidien. Pour le meilleur comme pour le pire… Le mobile a indéniablement créé un « avant » et un « après ». D'ailleurs, alors qu'auparavant nous nous débrouillions très bien sans lui, aujourd'hui, nous nous demandons, très souvent, comment nous faisions. Car, à côté de sa fonction première, il nous sert de réveil, de boussole, d'agenda, de mémo, de passe-temps, de montre, de carnet d'adresses, d'appareil photo, de caméra, de télévision portative, de baladeur, de console de jeux, de moyen de paiement, etc. Multi-usage, il est aussi un reflet de soi. S'il est produit en masse, il devient rapidement un objet unique que l'on personnalise à son image. Il se transforme alors en un grigri, que l'on peut même porter autour du cou comme

1. ***Gérald Gaglio*** : sociologue français, spécialiste de la sociologie de l'innovation.

un bijou. On le soigne, on le décore, on le tripote à longueur de journée. Ce qui fait dire au sociologue Julien Morel dans un article de la revue *Réseaux* que nous avons un rapport quasi charnel avec le mobile : « Que dire, en effet, de ces caresses fréquentes, préhensions [1], contemplation qui visent la totalité de l'appareil ? Notons une préférence pour l'écran, surface interactive vivante, qui, même manifestement propre, est nettoyée par un balayage du pouce ou de l'index. » Avant, au travail, on mordillait un stylo, aujourd'hui on préfère manipuler son portable.

Il permet également d'amener au bureau un peu de son univers privé. Le Gripic note ainsi l'exemple d'un chef de projet pour qui le mobile rappelle qu'« il y a une vie hors du travail » et le relie en pensée à la communauté indistincte de ses proches. L'objet joue pour lui le rôle d'une photo d'enfant posée sur le bureau. C'est un cordon ombilical, en somme. Francis Jauréguiberry [2] évoque le « cocooning téléphonique » et précise que le mobile permet d'être « rassuré par des êtres chers à des moments difficiles de la journée ». Le portable modifie donc notre rapport au temps et à l'espace. Ainsi, Gérald Gaglio le définit comme « l'objet de l'action, de la réaction, de la réponse immédiate, de l'instantanéité ». Un objet qui nous a rendus tous terriblement impatients. Nous ne supportons plus les files d'attente. Et si, par malheur, il faut patienter, le temps est alors systématiquement optimisé : nous passons un coup de fil, nous jouons avec notre mobile… Si nous attendons un rendez-vous au restaurant, le mobile sert d'alibi, de passe-temps. Nous le posons sur la table, vérifions notre messagerie. Il nous occupe les mains et l'esprit. « Grâce au mobile, je reprends le contrôle de mes temps morts, précise Joëlle Menrath, dirigeante de Discours et Pratiques [3].

1. ***Préhensions*** : fait de prendre en main.
2. ***Francis Jauréguiberry*** (né en 1954) : sociologue français.
3. ***Discours et Pratiques*** : société privée de conseil.

C'est un outil qui permet de métamorphoser la situation dans laquelle je suis. C'est du temps sur lequel j'agis. »

« Le mobile, doudou du XXIe siècle ? », © *Marketing magazine*, n° 109, 1er décembre 2006.

Analyse et perspectives

1. Quelles sont les fonctions du téléphone portable mises en avant dans ce texte ? Justifiez votre réponse en vous appuyant sur le texte.
2. Est-il utilisé de la même manière par tous ses usagers ?
3. Selon vous, en quoi les objets issus des nouvelles technologies ont-ils modifié nos us et coutumes ? Argumentez votre réponse.

■ Carlos Moreno, « Objets connectés, corps augmenté, usages sociaux : les enjeux de l'hybridation » (2013)

Carlos Moreno (né en 1959) est professeur, scientifique et entrepreneur spécialiste des systèmes complexes et de la Ville intelligente [1]. Dans cet article, il s'intéresse aux objets issus de la révolution numérique, qu'il envisage comme des prolongements de notre corps. Se trouve ainsi effacée la limite entre réel (physique) et virtuel (numérique). Loin d'être des gadgets, les « objets connectés » nous amènent à reconsidérer nos rapports sociaux et notre rapport avec le monde physique.

---

1. ***Ville intelligente*** : discipline visant à créer un ensemble urbain moderne qui mettrait en harmonie respect de l'environnement, équité sociale et prospérité économique (selon le principe du développement durable).

[Connexion en cours, le monde est en train de muter]

[…] L'important d'après moi n'est pas que les objets soient devenus, avec l'informatique ubiquitaire [1], des objets technologiques, mais bien qu'ils soient devenus des objets sociaux, faisant naître du même coup, à l'échelle mondiale, une culture de l'homme numérique. Prenons l'exemple des adolescents qui se connectent à leur page Facebook *via* leur portable pour communiquer : ils font de leur téléphone un usage social avant tout, avec un mode de communication nouveau qui transite par les réseaux sociaux. Cette forme d'échange massivement utilisée remplace la conversation téléphonique, prolonge parfois la rencontre physique, mais crée aussi de nouvelles relations, qui transcendent l'objet lui-même. Les objets du XXIe siècle intègrent ainsi trois composantes : technique, de savoir-faire et sociale. C'est ceci qui caractérise, selon moi, l'Internet des objets : tout objet, quelle que soit la façon dont il est connecté, a désormais un usage social. […]

Le concept d'hybridation entre monde physique et monde numérique doit donc être lui aussi, je pense, compris à la lumière de cette notion de socialisation. L'hybridation permet de partir du monde physique pour le réinventer, *via* l'Internet des objets et le corps augmenté, en proposant des usages et des services entièrement nouveaux. L'hybridation n'est pas une chose nouvelle : l'homme s'est toujours approprié son espace de manière créative par le biais de la technique puis de la technologie. Ce qui est nouveau, à l'heure actuelle, c'est que la technologie ouvre des espaces nouveaux en reliant socialement les individus. Il est assez impressionnant de voir la façon dont Facebook connecte l'humanité à travers la Terre, et cela pas uniquement de façon virtuelle puisqu'il peut générer d'importants

1. ***Ubiquitaire*** : qui a la capacité d'être à des endroits différents au même moment.

Vers la fin d'une servitude volontaire ?

Création

▲ Gravure de Maximilian Schäfer (1910) reproduite dans une édition allemande du roman de Daniel Defoe *Robinson Crusoé* (1719).
Elle illustre un passage situé au début du récit : alors qu'il a échoué sur une île déserte, le héros tente de fabriquer une chaise. En s'improvisant artisan, le personnage semble lutter avec la matière pour réussir à créer des objets et recommencer à vivre.

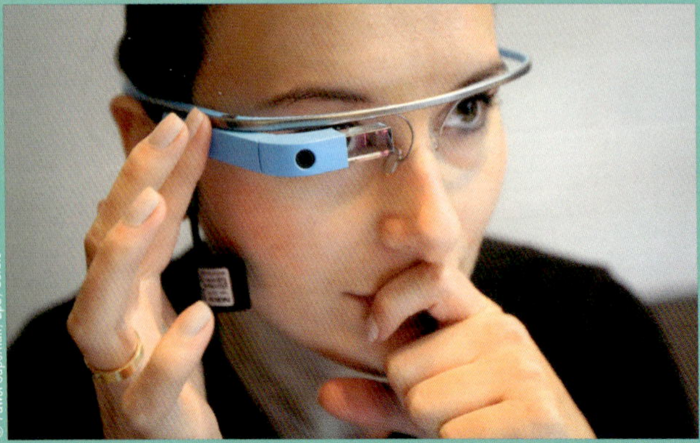

▲ Équipées d'une caméra intégrée, d'un micro, d'un pavé tactile, de mini-écrans, d'un écouteur et d'un accès à Internet par wi-fi, les lunettes Google permettent d'accéder à la plupart des fonctionnalités du moteur de recherche : courrier électronique, MMS, SMS, météo, appareil photo, géolocalisation, commande vocale, etc. Cette invention, qui rend possible la superposition d'un modèle virtuel 3D à la réalité en temps réel, n'est plus un instrument du futur : elle a déjà été employée par des chirurgiens lors d'opérations et elle est aujourd'hui commercialisée.

▼ Sur cette photographie de John Stanmeyer prise le 26 février 2013 à Djibouti, des migrants, à l'aide de leurs téléphones portables, tentent de capter un signal de leurs proches restés en Somalie. Le téléphone devient ici un prolongement du corps et de l'âme ; abolissant les distances et les combats, il permet de garder le contact avec des êtres chers.

© Deligne / Iconovox

▲▼ Couteau cocktail ou téléphone portable, l'objet est aujourd'hui résolument multitâche. Pointée du doigt avec ironie par le dessinateur Deligne, la multiplication des fonctions dont il se trouve affublé dans certains cas nous conduit à nous interroger sur sa finalité : quand l'objet peut tout faire, sait-on encore à quoi il sert ? Bien plus, sert-il encore à quelque chose ? De l'utile au gadget, il n'y a parfois qu'un pas.

© Uncommongoods.com

Multiplication

© JeongMee Yoon

▲ Cette photo (*SeoWoo and Her Pink Things*, 2005) représentant une petite fille entourée de ses robes, jouets et objets de couleur rose appartient à une série appelée *The Pink and Blue Project*, dans laquelle la photographe coréenne JeongMee Yoon questionne à la fois la société de consommation et les normes sexuelle et sociale auxquelles sont soumis les enfants, filles comme garçons, dès leur plus jeune âge.

▶ Cette publicité pour les mini Chupa Chups® se joue des mesures : déclinée dans un petit format (mini), la sucette est combinée à un autre objet culte, la poupée mannequin, pour mieux se vendre. À l'heure de l'hyperconsommation, tout est dans la représentation et dans la multiplication.

▲ Pour son recueil de photographies *Material World* (1995), le photographe américain Peter Menzel a photographié des familles types à travers le monde entourées de leurs possessions matérielles, illustrant non seulement les disparités économiques d'un point du globe à l'autre mais aussi les dérives de la société de consommation (ici, la famille Ukita, à Tokyo, le 16 décembre 1992).

Invasion

© Imagno / La Collection

◀ *Le Bibliothécaire*, Giuseppe Arcimboldo (1527-1593), huile sur toile, 1562, musée de Skokloster, Suède.
Dans cette toile du peintre maniériste italien, les objets semblent avoir envahi le personnage au point de se substituer à ses traits physiques. Les livres et objets familiers des bibliothèques (marque-pages et queues d'hermine pour nettoyer les livres) permettent de rendre compte non seulement de sa physionomie mais aussi de sa fonction, voire de son intériorité (il est riche de connaissances encyclopédiques).

▼ Le héros éponyme du film d'animation américain *Wall-e*, réalisé par les studios Pixar en 2008, est un robot qui parcourt la Terre pour en éliminer les déchets. On le voit ici cerné par des détritus de toutes sortes, masse informe qui semble menacer l'avenir de la planète. L'objet serait-il lui-même une solution pour en finir avec le surplus d'objets abandonnés et inutilisés ?

Collection Christophel © Walt Disney / DR

Séparation

▲ Fondée en 2010 par Florence Claude, l'association Petite Maman vient en aide aux mamans en difficulté, en leur redistribuant des vêtements d'enfants collectés auprès de familles qui n'en ont plus besoin. Un visuel percutant soutient ce projet, nous permettant de prendre conscience de la forte dimension affective qui nous lie à certains de nos objets, et nous invitant à la dépasser.

L'artiste Lor-K (née en 1987) utilise des objets abandonnés dans la rue pour créer des installations urbaines éphémères. Une fois transformé en œuvre d'art, l'objet est destiné à être de nouveau abandonné. Son projet *Objecticide* incite à s'interroger sur le devenir de l'objet une fois qu'on s'en sépare et sur la nature des liens qu'on tisse avec lui.

Supermarché virtuel dans une station de métro de Séoul, en Corée du Sud. Des affiches lumineuses simulent les rayons d'un magasin et font voir les produits accompagnés de leurs codes QR ou « flashcodes » (codes-barres lisibles notamment par des smartphones), qu'il suffit de scanner. Leurs paniers remplis, les clients peuvent envoyer leurs commandes et se faire livrer chez eux.

rassemblements. De même, les activités humaines s'ouvrent actuellement à de très nombreuses possibilités à travers les objets connectés, qu'il s'agisse de l'art, de la médecine, des biotechnologies, etc., ou de la vie de tous les jours. Les usages sont donc, aujourd'hui, réinventés par l'hybridation.

Si l'on applique ces considérations à la ville, de même, on voit que les potentialités de l'Internet des objets sont extrêmement riches – et qu'elles ne se résument pas à un frigo qui nous alerte quand il n'y a plus de beurre ! La ville étant un territoire de vie et de rencontres, les objets connectés sont un outil pour faire émerger de nouvelles expériences de vie qui donnent naissance à des usages et services inédits, administratifs, loisirs, santé, sociabilité, etc. Par exemple, les seniors peuvent être connectés à des services de soins médicaux mais aussi à des réseaux sociaux qui leur sont dédiés pour améliorer leur quotidien. Au sein des villes, les citoyens connectés et actifs, que je nomme les « digizen », jouent un rôle essentiel dans ce mouvement de création de nouveaux usages et services en promouvant une socialisation territoriale féconde. [...]

L'Internet des objets n'est donc pas à penser comme un univers superflu, du gadget technologique, mais bien comme une possibilité, pour l'homme, de se réapproprier son espace en lieu de sociabilité et de créativité. Tous les objets qui nous sont les plus familiers deviennent ainsi des objets dont il peut être fait un usage nouveau au travers des interfaces numériques. D'où la notion d'« esthétique de l'hybridation », car cette dernière donne naissance à ce que l'on nomme le design des services – notion majeure pour comprendre la culture de l'innovation qui est en train de naître. De même qu'un designer conçoit un objet fonctionnel pour lui conférer des usages nouveaux avec une certaine beauté, les allers-retours entre monde physique et monde numérique *via* les plateformes vont permettre de reconcevoir les services et les fonctionnalités de la vie quotidienne, notamment urbaine.

La notion d'Internet des objets renvoie donc à une rencontre fructueuse entre la science, la technique, la société et les usages sociaux, qui est en train de bouleverser en profondeur le monde dans lequel nous vivons. Un vrai enjeu pour les années à venir, un défi pour tous !

« Objets connectés, corps augmenté, usages sociaux : les enjeux de l'hybridation », 9 avril 2013, http://www.moreno-web.net, © professeur Carlos Moreno, conseiller scientifique du président de Cofely Ineo, Groupe GDF SUEZ, spécialiste de systèmes complexes.

Analyse et perspectives

1. En vous appuyant sur les idées de Carlos Moreno, décrivez avec vos propres mots la rupture technologique que nous connaissons aujourd'hui. Selon vous, quelle est son importance ? Pourquoi ?
2. Quel rapport est établi entre le concept d'hybridation des mondes physique et virtuel et la notion de socialisation ? Appuyez-vous sur le texte.
3. D'après vous, quels sont les avantages mais aussi les risques que représentent ces nouveaux objets pour notre société et son bon fonctionnement ? Argumentez votre réponse et illustrez-la d'exemples précis.

4. La valeur affective

La valeur affective dont on investit un objet ressortit à l'expérience intime. Elle diffère donc d'un individu à l'autre et peut se porter sur autant d'objets qu'il y a d'individus. Il peut s'agir aussi bien d'une pièce de vêtement, comme pour Philippe Claudel (p. 99), que d'un jouet (comme la poupée Barbie®) dans lequel on transpose une multitude d'affects (p. 101). L'objet peut même acquérir une dimension symbolique (Marc Augé, p. 103) et la passion qu'on a pour lui devenir pathologique. C'est ce qui se passe dans le cas du fétichisme, notamment dans la relation amoureuse, quand un objet se substitue au partenaire ou à l'être aimé. Ainsi, les analyses de Sigmund Freud (p. 106) trouvent un écho dans le texte de Marcel Pagnol, qui évoque une étonnante fusion physique avec un objet appartenant à l'être aimé (p. 109).

■ Philippe Claudel, *Parfums* (2012)

Écrivain et réalisateur français né en 1962, Philippe Claudel a reçu le prix Renaudot pour *Les Âmes grises* en 2003 et le prix Goncourt des lycéens pour *Le Rapport de Brodeck* en 2007. Dans *Parfums*, l'auteur fait resurgir l'enfance et l'adolescence à travers soixante-trois parfums qui ont accompagné ces moments : crème solaire de la mère, foin des champs, cannelle des gâteaux, odeur d'un pull-over... Se manifestant à lui par sa dimension olfactive, l'objet ne compte que pour sa valeur affective. Grâce à lui, il parvient à remonter le temps et à se raconter à travers sa réminiscence.

[Une part de l'être]

Les vêtements retiennent la mémoire de ceux qui les ont portés, puis s'en séparent un jour, sans prévenir, avec une brutalité qui est la marque des choses. Il y a une trahison des matières bien pire que celles dont les hommes peuvent se rendre coupables. Nous portons sur nos corps des linges, des laines, des fourrures qui nous connaissent au plus intime, qui nous respirent et nous ressemblent, au creux desquels nous laissons le parfum de notre peau, son empreinte olfactive et sa respiration. Je garde ainsi un vieux pull-over que mon oncle Dédé porte quand il vient dans notre maison pour travailler. Journée de dix heures côte à côte, entre poussière, gravats, plâtre, mortier, Gauloises bleues et bières partagées. C'est la deuxième maison dans laquelle nous travaillons ainsi. La première, nous l'avons refaite à trois. Mon beau-père Iaschou en maître d'œuvre [1]. Mon oncle et moi en manœuvres [2]. Souvenir heureux. Iaschou décède quelques années plus tard. Un matin, j'attends mon oncle en préparant le café, comme d'habitude. Il ne viendra pas : il est mort dans la nuit. Son pull-over repose sur un escabeau. Presque humain. Fatigué. Troué par endroits. Avec deux petites taches de plâtre frais qui se sont lovées dans les fibres du tissu. J'enfouis mon visage en lui comme dans le creux des bras d'un être aimé, en pleurant. Mon oncle est là, violemment présent, dans le parfum froid de la cigarette, les traces atténuées d'un après-rasage bon marché, la poussière de ciment, la colle à papier peint, surgissant d'une alchimie que le vêtement a concentrée malgré lui. Je ne peux pas le jeter à la poubelle, ni le porter. Je le remise dans un placard, près des combles, duquel je l'exhume souvent pour le toucher, le respirer et retrouver grâce à lui cet oncle que j'ai beaucoup aimé depuis l'enfance, qui m'a vu grandir comme un second père, mais libéré de toutes les charges et de tous les tracas de la paternité, et qui, par le fait, était plus léger et plus drôle que mon père. Faire son deuil, c'est lancer une poignée de vie dans les jeux de la mort. On sait qu'elle n'en sera aveuglée qu'un bref instant, mais cela nous fait du bien. Et nous pouvons continuer. Un jour, en approchant le pull-over de mon visage, je ne retrouve rien. Il s'est défait de tout. Mon oncle l'a quitté. Ce n'est plus qu'une vieille nippe, sans mémoire et sans âme. Je le garde tout de même. Il est toujours là-haut, près du ciel, dans le placard du grenier.

« Pull-over », *Parfums*, © Stock, 2012, p. 165-167.

1. ***Maître d'œuvre*** : chef du chantier.
2. ***Manœuvres*** : ouvriers.

Analyse et perspectives

1. Comment la matérialité de l'objet permet-elle au narrateur de lui faire retrouver l'être aimé ? Quels sont les sens sollicités ?
2. « Ce n'est plus qu'une vieille nippe, sans mémoire et sans âme. Je le garde tout de même. » En quoi cette phrase est-elle paradoxale ? Conservez-vous, vous aussi, des objets qui ne représentent plus rien pour vous ?
3. Pensez-vous que, même s'il a une durée de vie limitée, l'objet puisse œuvrer contre la mort ? Justifiez votre réponse.

■ Armelle Leroy et Laurent Chollet, *L'Album de ma jeunesse, 80-90* (2006)

Armelle Leroy, spécialiste de la littérature pour enfants, et Laurent Chollet, éditeur et historien, dressent dans leur ouvrage le panorama des années 1980-1990 à travers des objets, personnalités, chansons et films cultes. Le jouet y occupe une place particulière puisque, accessoire de l'enfance ou de l'adolescence, il devient symbole d'une époque révolue lorsqu'on franchit l'âge adulte. En outre, son évolution reflète celle de la société : produit par elle, il se métamorphose au rythme de ses changements pour plaire à un public toujours renouvelé.

[Barbie[1] superstar]

La poupée mannequin devient le jouet incontournable des fillettes.

En 1983, devant le succès de la série *Dallas*[2], la ligne Western est lancée. La poupée arbore un chapeau de cow-boy et une

1. Barbie est une marque déposée par Mattel Inc.
2. ***Dallas*** : série américaine qui connut un très grand succès dans les années 1980. Elle expose la vie des membres de la famille Ewing, exploitants pétroliers et éleveurs de bétail vivant dans un luxueux ranch près de Dallas, au Texas.

tenue blanche immaculée, telle Sue Helen, héroïne du feuilleton. Le cheval se nomme d'ailleurs Dallas. Première *fashion victim* du monde, Barbie se doit de suivre toutes les modes. Ainsi, en 1983, elle se met à faire de l'aérobic, en 1984, elle roule sur un vélomoteur rose, et surtout elle adopte la mode fun avec la série *Malibu* (1983), qui sera suivie deux ans plus tard par la gamme « Tropics ». Miko, une ravissante Hawaïenne à la longue chevelure brune, rejoint la famille Mattel. Ken, quant à lui, arbore désormais des biceps et une carrure impressionnante. Le soir, il emmène Barbie danser au volant d'une corvette argent (1984) ou d'une Ferrari blanche (1988). La firme lance en 1987 « California Dream », un titre qui cristallise tous les fantasmes des années 80. Une authentique mini-révolution a lieu. Au côté de Barbie se trouve la rousse Midge, sa confidente depuis les années 60, mais également deux nouvelles venues, Christie la Noire et Teresa l'Hispanique. La société évolue et il est désormais concevable que la poupée blonde, incarnation de l'Américaine type idéale, puisse avoir comme amies des jeunes filles de couleur ! Jusqu'ici, il existait déjà des « Barbie black » ou des « Barbie hispanique », mais elles ne s'adressaient qu'aux communautés qu'elles représentaient.

Quant à Skipper, sa petite sœur, elle grandit de plus en plus ; au départ âgée d'à peu près 12 ans, c'est maintenant une jolie adolescente de 15-16 ans.

La société Mattel se doit de se diversifier. Chaque modèle a maintenant sa propre tenue et un maquillage différent. « Les poupées de monde » reprennent les tenues traditionnelles de différents pays. Apparaît également Barbie anniversaire, avec un petit cadeau intégré (bague, collier).

À partir de 1988, la première Barbie de Noël (Happy Holidays), vêtue d'une robe rouge féerique, fait rêver toutes les petites filles – son prix, lui, est bien moins attractif. Les commémorations sont fêtées somptueusement. Cette même année, pour les trente ans d'existence, est créée Barbie Superstar, dont les yeux et la robe sont étoilés ! Plusieurs générations ont déjà joué avec la célèbre poupée. La firme décide d'étendre sa clientèle aux adultes en présentant la reproduction en porcelaine de Barbie 1959, « Wedding Party ». Le temps de la nostalgie vient de commencer.

L'Album de ma jeunesse, 80-90,

Analyse et perspectives

1. D'après le texte, comment le jouet Barbie a-t-il su évoluer en fonction de la société et s'assurer ainsi un succès pérenne ? En vous appuyant sur le site Mattel ou sur vos propres souvenirs ou connaissances, actualisez cette évolution.
2. En quoi la Barbie est-elle toujours un objet culte ? Justifiez votre réponse.
3. Pouvez-vous citer d'autres objets cultes ? Quelle est selon vous la raison de cette dimension particulière ?

■ Marc Augé, *Le Dieu objet* (1988)

Dans son essai *Le Dieu objet*, l'ethnologue et anthropologue français Marc Augé (né en 1935) analyse les mécanismes de la pensée symbolique, s'intéressant à la croyance en des dieux fétiches[1] à partir d'une étude menée sur des sociétés du golfe du Bénin. Si les objets ont autant d'importance pour la religion ou pour le politique, explique Marc Augé, c'est en raison de leur dimension

1. ***Dieux fétiches*** : objets naturels ou façonnés considérés comme le support ou l'incarnation de puissances suprahumaines et, en tant que tels, doués de pouvoirs magiques dans certaines religions primitives.

symbolique (ils sont signes de reconnaissance) et fétichiste (ils incarnent concrètement un dieu ou un être qu'on ne peut voir dans son entier).

[Objets de culte]

Du passé, nous, nous gardons des monuments. Le monument, c'est l'objet fait par d'autres pour nous, d'autres qui, vivant au futur antérieur, se donnaient une dimension historique, c'est-à-dire inscrivaient leur histoire individuelle dans l'histoire des autres. Du coup, dans l'objet qu'ils nous ont légué, comme on dit, nous lisons une conscience, de même sans doute que les concepteurs, sinon les bâtisseurs, tentaient d'y inscrire une conscience. Le monument (le mot l'indique) se veut témoignage. Il est par là très proche du symbole, au sens étymologique [1], et il est très significatif que les monuments (ce que les historiens ont pu appeler lieux « de mémoire ») soient pour la plupart des lieux de pouvoir ou de culte : en tous les cas, des symboles d'autorité.

Si les sociétés, pour instituer le pouvoir politique ou la religion, ont eu besoin d'objets, ce n'est pas simplement parce que les objets servent à marquer, à baliser, à imiter et à limiter, mais parce que leur matière même est problématique : elle se pense, pourrait-on dire, à la limite, à la limite du pensé et de l'impensé, du pensable et de l'impensable [2]. Comme le pouvoir. L'objet-matière, l'objet-chose, du coup, se traite de deux manières : au symbolique, comme signe de reconnaissance (on construit des relations entre objets ou entre êtres et objets comme on fait un langage avec des sons) ; au fétichisme, comme présence réelle

1. Étymologiquement, le ***symbole*** est signe de reconnaissance et, pour les catholiques, il rappelle les principaux articles de foi.
2. L'objet est à la fois le fruit d'une intelligence et d'une expérience, d'une pensée dont on n'a pas toujours conscience.

© J.Mangeot/Paris Match/SCOOP

■ L'écrivain et homme politique français André Malraux (1901-1976) photographié devant sa collection de poupées « Kachina » (issues de la mythologie des Indiens Hopis du Nouveau-Mexique) pour *Paris Match*, dans sa maison de Boulogne-sur-Seine, en 1953.
La relation qui existe entre le collectionneur et les objets qu'il a colligés est souvent étroite et affective.

d'un être actuel irréductible à son paraître. Dans les deux cas, il y a un résidu d'impensé : la matière brute ou, dans d'autres registres, le cri ou la tache de couleur qui sont l'obsession des recherches artistiques appliquées contradictoirement à fuir l'artifice et l'intellect ; comme si la matière brute constituait l'être de ce paraître qui se réalise dans une forme (un Sakpata [1], un Hevieso [2], une croix, une hostie) mais ne se réduit à aucune de ses réalisations particulières.

Le Dieu objet, Flammarion, coll. « Nouvelle bibliothèque scientifique », 1988, p. 32-33.

Analyse et perspectives

1. Repérez dans le texte tout ce qui relève d'une part du matériel et, d'autre part, du spirituel. Qu'en concluez-vous ?
2. D'après l'auteur, pourquoi les objets symbolisent-ils le pouvoir ?
3. Citez les différents objets de culte que vous connaissez en explicitant chaque fois ce qu'ils représentent et la manière dont ils sont vénérés.

■ Sigmund Freud, *Trois Essais sur la théorie sexuelle* (1905)

Médecin autrichien et fondateur de la psychanalyse, Sigmund Freud (1856-1939) s'est efforcé d'expliquer nos comportements par l'influence de notre inconscient sur nos actions et pensées. Dans *Trois Essais sur la théorie sexuelle*, il explique comment on peut en arriver à substituer à l'objet sexuel un objet parfaitement impropre

1. ***Sakpata*** : dans les cultures vaudoues du golfe du Bénin, fétiche représentant le dieu Sakpata, dieu de la variole et des maladies éruptives, mais aussi dieu de la terre.
2. ***Hevieso*** : dans les cultures vaudoues du golfe du Bénin, fétiche représentant le dieu Hevieso, dieu du ciel et de la foudre.

à l'acte sexuel mais auquel on confère un sens particulier, lié à nos affects. Ce phénomène est appelé fétichisme.

[Acte sexuel et fétichisme]

Substitut inapproprié de l'objet sexuel – fétichisme. Une impression toute particulière se dégage des cas dans lesquels l'objet sexuel est remplacé par un autre qui se trouve en relation avec lui, mais est en même temps tout à fait inapte à servir le but sexuel normal. [...]

Le substitut de l'objet sexuel est une partie du corps en général très peu appropriée à des fins sexuelles (pied, cheveux), ou bien un objet inanimé qui présente une relation évidente avec la personne sexuelle, de préférence avec la sexualité de celle-ci (pièces de vêtements, lingerie blanche). Ce n'est pas sans pertinence que ce substitut est comparé au fétiche, dans lequel le sauvage voit son dieu incarné.

On trouve une transition aux cas de fétichisme avec renonciation à un but sexuel normal ou pervers dans les cas où l'objet sexuel est soumis à une condition fétichiste, dès lors que doit être atteint le but sexuel (couleur de cheveux déterminée, vêtements, voire défauts physiques). Il n'existe pas d'autre variante de la pulsion sexuelle frisant le pathologique qui mérite à ce point notre intérêt que celle-ci, du fait de la singularité des phénomènes qu'elle suscite. Tous ces cas semblent présupposer un certain amoindrissement de l'aspiration au but sexuel normal (faiblesse exécutive de l'appareil sexuel). Le rattachement à la normale est assuré par la surestimation psychologiquement nécessaire de l'objet sexuel, laquelle est inévitablement étendue à tout ce qui lui est lié de manière associative. C'est pourquoi un certain degré d'un tel fétichisme fait régulièrement partie de l'amour normal, en particulier aux stades de l'état amoureux dans lesquels le but sexuel normal est inatteignable ou son accomplissement paraît être aboli.

Procure-moi de son sein un atour,
Une jarretelle à mon désir d'amour !

(*Faust*[1])

Le cas pathologique intervient quand l'aspiration au fétiche se fixe au-delà de ce statut de condition et prend la place du but normal, également quand le fétiche se détache de la personne déterminée, devenant l'objet sexuel exclusif. Ce sont là les conditions générales du passage de simples variations de la pulsion sexuelle à des égarements pathologiques.

Dans le choix du fétiche se manifeste, comme Binet[2] l'a affirmé le premier et comme cela a été ensuite attesté par de nombreuses preuves, l'influence persistante d'une impression sexuelle le plus souvent reçue dans la prime enfance, ce qu'on peut mettre en parallèle avec l'adhésivité[3] proverbiale d'un premier amour chez le normal (« on revient toujours à ses premières amours »). Une telle provenance est particulièrement claire dans le cas où le fétiche ne représente qu'une condition attachée à l'objet sexuel. Nous rencontrerons encore en un autre lieu l'importance d'impressions sexuelles précoces.

Dans d'autres cas, c'est une association symbolique en pensée, dont la personne concernée n'est le plus souvent pas consciente, qui a conduit au remplacement de l'objet par le fétiche. Il n'est pas toujours possible de mettre en évidence avec certitude les voies de ces associations (le pied est un symbole sexuel archaïque, déjà dans le mythe, la « fourrure » doit sans doute son rôle de fétiche à l'association avec la toison du mont de Vénus[4]) ; mais même une telle symbolique ne semble pas

1. ***Faust*** : pièce de l'auteur allemand Goethe (1749-1832) publiée en deux parties (la première en 1808 et la seconde, à titre posthume, en 1832). Le savant Faust y pactise avec le diable, à qui il donne son âme en échange d'une initiation aux plaisirs terrestres. La citation est tirée de la scène 1 de la seconde partie de *Faust* (*Faust II*).
2. ***Alfred Binet*** (1857-1911) : psychologue et pédagogue français.
3. ***Adhésivité*** : fait d'adhérer, de rester présent en permanence.
4. ***Mont de Vénus*** : expression qui désigne le pubis féminin.

toujours indépendante d'expériences sexuelles du temps de l'enfance.

Trois Essais sur la théorie sexuelle, trad. F. Cambon, Flammarion, coll. « Champs », 2011, p. 114-117.

Analyse et perspectives

1. Donnez une définition du fétichisme, avec vos propres mots. Quel rôle y joue l'objet ?
2. D'après Freud, d'où vient le comportement fétichiste ? Cette origine est-elle souvent considérée comme l'explication de nos comportements ?
3. D'après vous, le fétichisme est-il une façon de donner vie à l'objet ? Accorde-t-il trop de valeur à l'objet ? Est-il une expression matérialiste de notre vie affective ? Argumentez vos réponses.

■ Marcel Pagnol, *Manon des sources* (1963)

C'est en 1952 que l'écrivain, dramaturge et cinéaste Marcel Pagnol (1894-1974) écrit et réalise *Manon des sources* ; il en tire plus tard un diptyque romanesque, *L'Eau des collines*, qui contient deux tomes, *Jean de Florette* et *Manon des sources*. Au début du roman, Ugolin, paysan provençal qui a bassement acquis une terre en flouant et conduisant à la mort Jean de Florette, croise Manon, la fille de ce dernier, qui garde ses moutons dans les collines. Il tombe fou amoureux d'elle et se met alors à collecter, à cacher et à vénérer passionnément tous les objets qui lui appartiennent ou qu'elle a seulement effleurés, jusqu'à en perdre la raison.

[Le cœur cousu]

Une nuit, réveillé par un extraordinaire concert de chouettes, sous une lune rouge comme un œil crevé, il jugea le moment favorable à une cérémonie magique.

Ayant écrit sur un morceau de papier le nom de Manon, il le plaça au milieu de la table et l'entoura de ses reliques[1] : le petit bout de ruban vert, la pelote de cheveux, un bouton de nacre, trois noyaux d'olive. Puis, il déterra sa précieuse marmite et cerna le tout d'un rond épais de pièces d'or, comme pour emprisonner Manon dans sa richesse. Puis, afin de renforcer ce charme, il fit sept fois le tour de la table, les mains jointes, en invoquant la Sainte Vierge, qui fut sans doute bien surprise par ces appels incongrus.

Lorsque les chouettes se turent, il remit son or dans la marmite, puis, au milieu des pièces glissantes, il enfouit la précieuse pelote de cheveux dorés, retendit le double fil de fer sur le couvercle et replaça le tout sous la pierre de l'âtre. Il espérait que l'or dont les pouvoirs magiques sont bien connus agirait puissamment sur les cheveux captifs, qui enverraient des messages à la chevelure de la bien-aimée : alors, ça lui ferait pousser des idées dans la cervelle (surtout pendant qu'elle dormirait) et finalement, un beau matin, en ouvrant la porte, il la trouverait assise sur la marche…

Il prit ensuite le ruban, le regarda, le caressa, le baisa, puis se leva soudain pour ouvrir le tiroir du petit bahut : il y trouva du fil et une aiguille, qu'il ne fut pas facile d'enfiler. Alors, il ôta sa chemise, s'installa, le torse nu, sur une chaise, tout près de la lampe, et commença à coudre le ruban vert sur son sein gauche. L'aiguille était épaisse, et le sang jaillit en gouttelettes. Les dents serrées, il tira sur le double fil rugueux qui sciait sa chair. Quatre fois il planta l'aiguille et tira le fil. La cinquième, il ne perça que le ruban, et fit un nœud de couturière. Enfin, le visage blême,

1. ***Reliques*** : au sens premier, le mot désigne le corps, des parties du corps ou des objets ayant appartenu à un martyr ou à un saint, auxquels on voue un culte ; par analogie, le mot désigne des objets auxquels on tient et qu'on conserve en vertu de la valeur affective dont on les investit. Ici, Ugolin a dérobé des objets provenant de Manon : ruban, cheveux, bouton et noyaux d'olives qu'elle a crachés.

trempé de sueur et de larmes, il alla prendre au mur le morceau de miroir et regarda le ruban vert taché de sang qui pendait sur sa toison rousse.

« Comme ça, dit-il, il sera toujours sur mon cœur. »

Puis il but un grand verre de vin et alla s'étendre sur la paillasse, une main crispée sur son cœur brûlant.

L'Eau des collines, *Manon des sources*, Éditions de Fallois, Collection Fortunio © Marcel Pagnol, 2004, t. II, p. 350-352.

Analyse et perspectives

1. Relevez les champs lexicaux du religieux et de la magie. Qu'est-ce qui les relie ?
2. En quoi peut-on dire qu'Ugolin est fétichiste ? Justifiez votre réponse.
3. Pensez-vous que notre attachement aux objets soit toujours rationnel ? Argumentez votre réponse.

III. De l'invasion de l'objet à sa dématérialisation

La quantité d'objets entourant l'individu n'a cessé de s'accroître au fil du temps, au point qu'on peut y voir une invasion, voire un asservissement quand il ne s'agit pas d'une aliénation, au sens figuré comme au sens propre : on pense à la folie supposée du narrateur de la nouvelle de Maupassant « Qui sait ? » (1890), qui voit ses meubles s'enfuir de chez lui et demande son internement en maison de santé. Sans aller dans ces extrémités, ceux qui se plaignent d'avoir tellement d'objets qu'ils ne savent plus qu'en faire ni comment les stocker ne se comptent plus. Pourtant, orchestrées à grands coups de campagnes marketing de plus en plus efficaces, toutes les tentations sont là pour pousser le consommateur à acquérir des biens dont il pourrait aisément se passer. Et la durée de consommation elle-même paraît se réduire, favorisant leur accumulation : non seulement une mode chasse l'autre, mais certains objets, tels les appareils électroniques, ont une longévité de plus en plus limitée, programmée par les constructeurs eux-mêmes, désireux de voir le client renouveler son achat.

Dans notre société contemporaine, le phénomène s'accompagne d'une prise de conscience. Toutefois, cette dernière n'est pas nouvelle. On en trouve déjà la trace chez certains auteurs latins qui cherchaient en vain à dénombrer les biens de tel ou tel riche Romain.

Face à cette omniprésence, la dématérialisation permise par le virtuel apparaît souvent comme une solution toute désignée pour libérer l'homme du poids des objets. Ainsi, le gain d'espace que représentent les lecteurs numériques est considérable, qu'il s'agisse de musique, de films ou de livres. Mais n'y a-t-il pas un mirage de la dématérialisation ? La révolution numérique nous libère-t-elle vraiment de l'objet matériel ? Ne peut-on considérer qu'elle nous y attache plus encore, aussi petit et mince soit ce dernier ? Pour s'affranchir, d'autres choisissent des voies différentes, optant pour une réduction de leur consommation ou pour le recyclage.

1. Consommation et aliénations

Le développement de la production d'objets est immanquablement corrélé à une consommation permettant de les écouler. Afin de garantir le flux production/consommation, tous les moyens publicitaires et marketing sont bons pour inciter l'individu à acquérir l'objet qu'il ne possède pas encore ou même à se procurer à nouveau ce qu'il a déjà. Soumis à ces influences, l'individu en vient à perdre le contrôle de sa volonté propre et à se trouver assujetti à l'objet qu'on lui « vend ».

Ainsi en est-il des clientes du grand magasin décrit par Émile Zola dans *Au Bonheur des Dames* (p. 115). Mais l'insatisfaction étant inhérente à la nature humaine, le désir de l'homme est insatiable, explique Jean Baudrillard (p. 117) et le risque qu'on encourt est celui d'une accumulation déraisonnée d'objets. C'est l'écueil que connaît le couple formé par Sylvie et Jérôme dans *Les Choses*, de Georges Perec, pour qui la fonctionnalité des objets semble s'effacer derrière les signes socioculturels qu'ils véhiculent (p. 121). Chez Bernard Pivot, ce sont les livres qui finissent par se dissocier de leur fonction initiale : la lecture (p. 124). La seule solution contre cet amoncellement d'objets est sans doute celle du recyclage, et encore. Même cette issue a ses limites, comme le démontre Guillaume Bonvoisin dans le cas des produits électroniques (p. 128).

■ Émile Zola, *Au Bonheur des Dames* (1883)

Dans *Au Bonheur des Dames*, Zola (voir aussi p. 39) décrit la fièvre consumériste qui touche Paris en pleine révolution industrielle. Les grands magasins font tout pour déchaîner la folie des achats, mettant en scène les objets qu'ils vendent, créant de séduisants univers à partir des marchandises les plus simples. Cet art conduit le directeur de l'enseigne Au Bonheur des Dames, Octave Mouret, à orchestrer de véritables épisodes d'achat furieux qui transforment son commerce en champ de bataille, offrant un spectacle de débâcle en fin de journée.

[La fièvre des achats]

Lentement, la foule diminuait. Des volées de cloche, à une heure d'intervalle, avaient déjà sonné les deux premières tables du soir ; la troisième allait être servie, et dans les rayons, peu à peu déserts, il ne restait que des clientes attardées, à qui leur rage de dépense faisait oublier l'heure. Du dehors ne venaient plus que les roulements des derniers fiacres[1], au milieu de la voix empâtée de Paris, un ronflement d'ogre repu, digérant les toiles et les draps, les soies et les dentelles, dont on le gavait depuis le matin. À l'intérieur, sous le flamboiement des becs de gaz[2], qui, brûlant dans le crépuscule, avaient éclairé les secousses suprêmes de la vente, c'était comme un champ de bataille encore chaud du massacre des tissus. Les vendeurs, harassés de fatigue, campaient parmi la débâcle de leurs casiers et de leurs comptoirs, que paraissait avoir saccagés le souffle

1. ***Fiacres*** : voitures tirées par un cheval et conduites par un cocher. Au XIXe siècle, on utilisait le fiacre comme le taxi aujourd'hui.
2. ***Becs de gaz*** : voir note 2, p. 64.

furieux d'un ouragan. On longeait avec peine les galeries du rez-de-chaussée, obstruées par la débandade des chaises ; il fallait enjamber, à la ganterie, une barricade de cartons, entassés autour de Mignot [1] ; aux lainages, on ne passait plus du tout. Liénard [2] sommeillait au-dessus d'une mer de pièces, où des piles restées debout, à moitié détruites, semblaient des maisons dont un fleuve débordé charrie les ruines ; et, plus loin, le blanc avait neigé à terre, on butait contre les banquises de serviettes, on marchait sur les flocons légers des mouchoirs. Mêmes ravages en haut, dans les rayons de l'entresol : les fourrures jonchaient les parquets, les confections s'amoncelaient comme des capotes [3] de soldats mis hors de combat, les dentelles et la lingerie, dépliées, froissées, jetées au hasard, faisaient songer à un peuple de femmes qui se serait déshabillé là, dans le désordre d'un coup de désir ; tandis que, en bas, au fond de la maison, le service du départ, en pleine activité, dégorgeait toujours les paquets dont il éclatait et qu'emportaient les voitures, dernier branle [4] de la machine surchauffée. Mais, à la soie surtout, les clientes s'étaient ruées en masse ; là, elles avaient fait place nette ; on y passait librement, le hall restait nu, tout le colossal approvisionnement du Paris-Bonheur [5] venait d'être déchiqueté, balayé, comme sous un vol de sauterelles dévorantes. Et, au milieu de ce vide, Hutin et Favier [6] feuilletaient leurs cahiers de débit, calculaient leur tant pour cent, essoufflés de la lutte. Favier s'était fait quinze francs, Hutin n'avait pu arriver qu'à treize, battu ce jour-là, enragé de sa mauvaise chance. Leurs yeux s'allumaient de la passion du gain, tout le magasin autour d'eux

1. ***Mignot*** : vendeur du magasin, au rayon des gants.
2. ***Liénard*** : vendeur du magasin, au rayon lainage.
3. ***Capotes*** : manteaux militaires.
4. ***Branle*** : mouvement.
5. ***Paris-Bonheur*** : marque de soie.
6. ***Hutin et Favier*** : vendeurs ambitieux, rivaux l'un de l'autre.

alignait également des chiffres et flambait d'une même fièvre, dans la gaieté brutale des soirs de carnage.

Au Bonheur des Dames, éd. M.-A. Fougère, GF-Flammarion, 2009, p. 173-175.

Analyse et perspectives

1. Quelle est la métaphore filée employée par Zola pour décrire le magasin en fin de journée ? Relevez-en des exemples. Quelle image le texte offre-t-il de cette nouvelle société en train de naître ?
2. Quelle est la motivation première des responsables et vendeurs de ce grand magasin parisien ? Quel regard Zola pose-t-il sur ce phénomène nouveau ? Pour répondre à cette question, appuyez-vous sur le texte et replacez son propos dans le contexte historique des années 1880.
3. D'après vous, assiste-t-on aujourd'hui encore à de telles scènes d'achat ? Est-ce le fait des acheteurs ou des vendeurs ? Qu'en pensez-vous ? Argumentez votre réponse.

■ Jean Baudrillard, « Théorie de la consommation » (1970)

Dans ce second extrait de *La Société de consommation* (voir aussi p. 51), Jean Baudrillard explique que l'objet n'est plus lié aujourd'hui à une fonction ou à un besoin précis, mais qu'il est avant tout le reflet d'un désir et une marque sociétale. À travers l'image de l'hystérie[1], l'auteur montre que la satisfaction du besoin par l'objet est un leurre : les désirs ne cessent de croître et les objets de se multiplier, car ils sont significatifs d'une insatisfaction inhérente à l'homme qui cherche simplement à se différencier et à exister à travers eux.

1. ***Hystérie*** : trouble psychique.

[Avoir pour être]

Cette mythologie rationaliste sur les besoins et les satisfactions est aussi naïve et désarmée que la médecine traditionnelle devant les symptômes hystériques ou psychosomatiques[1]. Expliquons-nous : hors du champ de sa fonction objective, où il est irremplaçable, hors du champ de sa dénotation, l'objet devient substituable de façon plus ou moins illimitée dans le champ des connotations, où il prend valeur de signe. Ainsi la machine à laver *sert* comme ustensile et *joue* comme élément de confort, de prestige, etc. C'est proprement ce dernier champ qui est celui de la consommation. Ici, toutes sortes d'autres objets peuvent se substituer à la machine à laver comme élément significatif. Dans la logique des signes comme dans celle des symboles, les objets ne sont plus du tout liés à unc fonction ou à un besoin *défini*. Précisément parce qu'ils répondent à tout autre chose, qui est soit la logique sociale, soit la logique du désir, auxquels ils servent de champ mouvant et inconscient de signification. [...]

Si on traque le besoin en un endroit, c'est-à-dire si on le *satisfait* en le prenant à la lettre, en le prenant pour ce qu'il se donne : le besoin de *tel* objet, on fait la même erreur qu'en appliquant une thérapeutique traditionnelle à l'organe où se localise le symptôme. Aussitôt guéri ici, il se localise ailleurs.

Le monde des objets et des besoins serait ainsi celui d'une *hystérie généralisée*. De même que tous les organes et toutes les fonctions du corps deviennent dans la conversion[2] un gigantesque paradigme que décline le symptôme, ainsi les objets deviennent dans la consommation un vaste paradigme où se décline un autre langage, où quelque chose d'autre parle. Et on

---

1. *Psychosomatiques* : physiques, mais dont l'origine est psychique.
2. *Conversion* : en psychanalyse, transposition d'un trouble psychique dans des symptômes physiques.

■ Le dessinateur Thierry Alba (né en 1957) croque ici avec ironie le consommateur aliéné par les objets de son quotidien (réfrigérateur, télévision, machine à laver). La liste de ces objets semble se poursuivre longuement dans le dos de celui qui traîne ce lourd fardeau. L'homme qui voue un culte aux objets paraît y perdre une grande part de sa liberté.

pourrait dire que cette évanescence, que cette mobilité continuelle, telle qu'il devient impossible de définir une spécificité objective du besoin, tout comme il est impossible de définir dans l'hystérie une spécificité objective du mal, pour la bonne raison qu'elle n'existe pas – on pourrait dire que cette fuite d'un signifiant à l'autre n'est que la réalité superficielle d'un *désir* qui, lui, est insatiable parce qu'il se fonde sur le manque, et que c'est ce désir à jamais insoluble qui se signifie localement dans les objets et les besoins successifs.

Sociologiquement (mais il serait très intéressant et fondamental d'articuler les deux), on peut avancer l'hypothèse que – éternel et naïf désarroi devant la fuite en avant, le renouvellement illimité des besoins, inconciliable en effet avec la théorie rationaliste qui est qu'un besoin satisfait crée un état d'équilibre et de résolution des tensions – si l'on admet par contre que le besoin n'est jamais tant le besoin de tel objet que le « besoin » de différence (le *désir du sens* social), alors on comprendra qu'il ne puisse jamais y avoir de satisfaction *accomplie*, ni donc de *définition* du besoin.

« Théorie de la consommation », *La Société de consommation*,
© Denoël, 1970, p. 106-109.

Analyse et perspectives

1. Cherchez dans une encyclopédie la définition de l'hystérie comme maladie et la manière dont on l'a traitée. Expliquez ensuite le parallèle fait avec la société de consommation.
2. Selon l'auteur, pourquoi ne peut-on pas arrêter la consommation, donc la production d'objets ?
3. Pensez-vous que la société cherche à nous faire consommer plus ? Par quels moyens ? Argumentez.

■ Georges Perec, *Les Choses* (1965)

Membre de l'OuLiPo[1], l'écrivain Georges Perec (1936-1982) s'est employé dans son œuvre à déconstruire les structures d'échanges et de représentations de notre société de consommation en jouant avec les contraintes romanesques et stylistiques. Dans *Les Choses*, roman qui obtint le prix Renaudot, en travaillant sur le mode grammatical et le temps verbal et en jouant avec les procédés stylistiques d'énumération et de distanciation, il raconte ces « choses » qui envahissent notre quotidien. Influencé par la mode et par la société, le couple formé par Jérôme et Sylvie a un besoin inépuisable de nouveaux objets – d'intérieur principalement – qui connotent tous un milieu social et un mode de vie. L'objet perd sa fonctionnalité pour n'être plus qu'un signe socioculturel envahissant.

[Des désirs sans fin]

Au niveau des réalisations, toutefois, ils s'écartaient assez sensiblement des modes d'achat que *L'Express*[2] proposait. Ils n'étaient pas encore tout à fait « installés » et, bien qu'on leur reconnût assez volontiers la qualité de « cadres », ils n'avaient ni les garanties, ni les mois doubles, ni les primes des personnels réguliers attachés par contrat. *L'Express* conseillait donc, sous couleur de petites boutiques pas chères et sympathiques (le patron est un copain, il vous offre un verre et un club-sandwich pendant que vous faites votre choix), des officines[3] où le goût du jour exigeait, pour être convenablement perçu, une amélioration radicale de l'installation précédente : les murs blanchis à

1. ***OuLiPo*** : Ouvroir de littérature potentielle, groupe d'écrivains expérimentant de nouvelles formes d'écriture fondées sur les contraintes formelles.
2. ***L'Express*** : magazine d'actualités hebdomadaire français.
3. ***Officines*** : boutiques.

la chaux étaient indispensables, la moquette tête-de-nègre était nécessaire, et seul un dallage hétérogène en mosaïque vieillotte pouvait prétendre la remplacer ; les poutres apparentes étaient de rigueur, et le petit escalier intérieur, la vraie cheminée, avec son feu, les meubles campagnards, ou mieux encore provençaux, fortement recommandés. Ces transformations, qui se multipliaient à travers Paris, affectant indifféremment librairies, galeries de tableaux, merceries, magasins de frivolités et d'ameublement, épiceries même (il n'était pas rare de voir un ancien petit détaillant crève-la-faim devenir Maître-Fromager, avec un tablier bleu qui faisait très connaisseur et une boutique de poutres et de pailles...), ces transformations, donc, entraînaient, plus ou moins légitimement, une hausse des prix telle que l'acquisition d'une robe de laine sauvage imprimée à la main, d'un twin-set de cashmere [1] tissé par une vieille aveugle des îles Orcades [2] (*exclusive, genuine, vegetabledyed, hand-spun, hand-woven* [3]), ou d'une somptueuse veste mi-jersey [4], mi-peau (pour le week-end, pour la chasse, pour la voiture) s'y révélait constamment impossible. Et de même qu'ils lorgnaient les antiquaires, mais ne comptaient, pour se meubler, que sur les ventes campagnardes ou sur les salles les moins fréquentées de l'Hôtel Drouot [5] (où ils allaient, d'ailleurs, moins souvent qu'ils ne l'auraient voulu), de même, tous autant qu'ils étaient, n'enrichissaient-ils leurs garde-robes qu'en fréquentant assidûment le marché aux Puces [6], ou, deux fois l'an, certaines ventes

---

1. ***Twin-set de cashmere*** : ensemble composé d'un pull et d'une veste pour femmes, en cachemire, tissu originaire d'Inde du nord.

2. ***Orcades*** : îles situées au nord de la Grande-Bretagne.

3. ***Exclusive, genuine, vegetabledyed, hand-spun, hand-woven*** : exclusif, authentique, teint avec des plantes, tissé et tressé à la main (en anglais).

4. ***Jersey*** : tricot fin.

5. ***Hôtel Drouot*** : principal hôtel des ventes de Paris et plaque tournante du marché de l'art.

6. ***Marché aux Puces*** : marché de plein air, brocante où l'on trouve de la friperie et du bric-à-brac disparate. Il y en a trois à Paris : les Puces de Saint-Ouen, de Vanves et de Montreuil.

de charité organisées par des vieilles Anglaises au profit des œuvres de la St. George English Church, et où abondaient des rebuts – tout à fait acceptables, cela va sans dire – de diplomates. Ils en éprouvaient souvent quelque gêne : il leur fallait se frayer un chemin au milieu d'une foule épaisse et farfouiller dans un tas d'horreurs – les Anglais n'ont pas toujours le goût qu'on leur reconnaît – avant d'y dénicher une cravate superbe, mais sans doute trop frivole pour un secrétaire d'ambassade, ou une chemise qui avait été parfaite, ou une jupe qu'il faudrait raccourcir. Mais, bien sûr, c'était cela ou rien du tout : la disproportion, partout décelable, entre la qualité de leurs goûts vestimentaires (rien n'était trop beau pour eux) et la quantité d'argent dont ils disposaient en temps ordinaire était un signe évident, mais en fin de compte secondaire, de leur situation concrète : ils n'étaient pas les seuls ; plutôt que d'acheter en solde, comme cela se pratiquait partout, trois fois par an, ils préféraient les seconde main [1]. Dans le monde qui était le leur, il était presque de règle de désirer toujours plus qu'on ne pouvait acquérir. Ce n'était pas eux qui l'avaient décrété ; c'était une loi de la civilisation, une donnée de fait dont la publicité en général, les magazines, l'art des étalages, le spectacle de la rue, et même, sous un certain aspect, l'ensemble des productions communément appelées culturelles, étaient les expressions les plus conformes. Ils avaient tort, dès lors, de se sentir, à certains instants, atteints dans leur dignité : ces petites mortifications [2] – demander d'un ton peu assuré le prix de quelque chose, hésiter, tenter de marchander, lorgner les devantures sans oser entrer, avoir envie, avoir l'air mesquin – faisaient elles aussi marcher le commerce. Ils étaient fiers d'avoir payé quelque chose moins cher, de l'avoir eu pour rien, pour presque rien. Ils étaient plus fiers encore (mais l'on paie toujours un peu trop cher le plaisir de payer trop

1. ***Seconde main*** : articles d'occasion.
2. ***Mortifications*** : humiliations.

cher) d'avoir payé très cher, le plus cher, d'un seul coup, sans discuter, presque avec ivresse, ce qui était, ce qui ne pouvait être que le plus beau, le seul beau, le parfait. Ces hontes et ces orgueils avaient la même fonction, portaient en eux les mêmes déceptions, les mêmes hargnes. Et ils comprenaient, parce que partout, tout autour d'eux, tout le leur faisait comprendre, parce qu'on le leur enfonçait dans la tête à longueur de journée, à coups de slogans, d'affiches, de néons, de vitrines illuminées, qu'ils étaient toujours un petit peu plus bas dans l'échelle, toujours un petit peu trop bas. Encore avaient-ils cette chance de n'être pas, loin de là, les plus mal lotis.

Les Choses, © Julliard, 1965, rééd. 1977, p. 72-74.

Analyse et perspectives

1. Par quels procédés littéraires transparaît le besoin insatiable d'objets du couple ? De quoi ce besoin est-il le reflet ?
2. À quel milieu appartiennent Jérôme et Sylvie ? Par quels outils stylistiques l'auteur dévoile-t-il leur condition socioculturelle ?
3. Pensez-vous que l'objet soit toujours révélateur du milieu social et de la culture de son propriétaire ? Argumentez votre réponse.

■ Bernard Pivot, préface à *La Bibliothèque idéale* (1992)

Journaliste français né en 1935 et président de l'académie Goncourt, Bernard Pivot a animé de nombreuses émissions culturelles à la télévision, dont certaines restées fameuses, comme *Apostrophes*, consacrée aux livres. Figure importante de la critique littéraire, il écrit dans la préface de sa *Bibliothèque idéale* une ode aux livres,

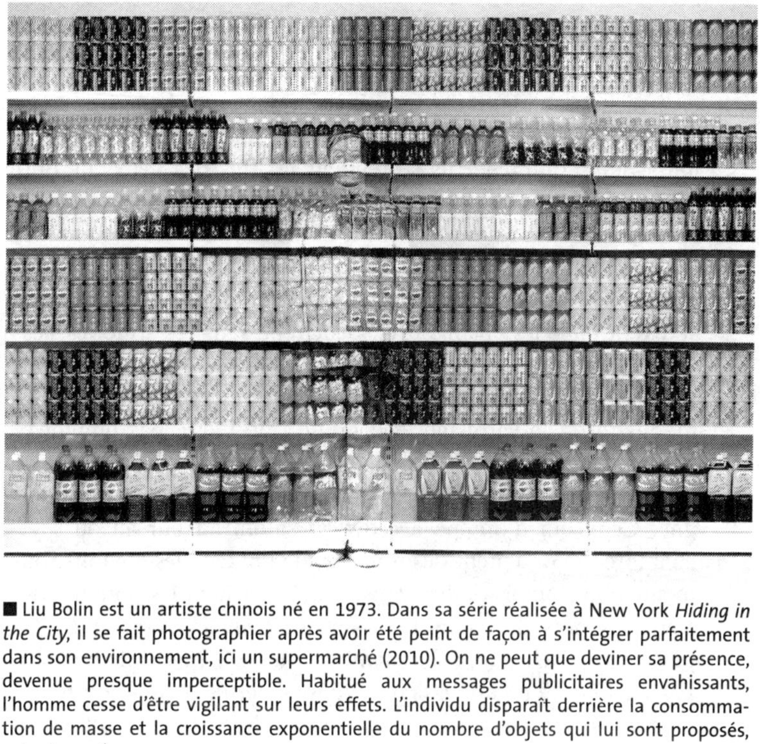

■ Liu Bolin est un artiste chinois né en 1973. Dans sa série réalisée à New York *Hiding in the City*, il se fait photographier après avoir été peint de façon à s'intégrer parfaitement dans son environnement, ici un supermarché (2010). On ne peut que deviner sa présence, devenue presque imperceptible. Habitué aux messages publicitaires envahissants, l'homme cesse d'être vigilant sur leurs effets. L'individu disparaît derrière la consommation de masse et la croissance exponentielle du nombre d'objets qui lui sont proposés, voire imposés.

soulignant les liens qui les unissent à l'homme. Dans l'extrait suivant, l'auteur témoigne avec humour de l'envahissement progressif des livres et des difficultés qu'on peut avoir à s'en séparer. Le livre sait en effet jouer de ses différentes valeurs pour faire oublier sa finalité première – être lu.

[Les livres sont des envahisseurs]

[...] En attendant, il y a péril en la demeure. Les livres sont des envahisseurs. Mine de rien, avec une patience infinie et toujours plus nombreux, ils se rendent maîtres des lieux. Ils ont tôt fait de déborder des bibliothèques, où ils étaient assignés à résidence. Telles les multitudes d'escargots dans les romans de Patricia Highsmith [1], ils escaladent les murs, poussent jusqu'aux plafonds, s'installent sur les cheminées, les tables, les guéridons, se fixent dans les encoignures, pénètrent dans les armoires, les commodes et les coffres, et si, faute de place, toute ascension leur est impossible, ils demeurent à terre, proliférant sur la moquette ou le carrelage (à condition de n'être pas humides, tous les sols leur conviennent) en piles instables et arrogantes.

Aucune pièce n'est interdite aux livres. Aucune ne leur répugne. Ceux qui n'ont pu accéder au salon, au bureau ou à la chambre se contentent des toilettes, de l'office, des couloirs, ou même d'un cagibi sombre dans lequel transitent les pommes de terre, les pots de confiture, le vin cacheté, l'aspirateur et les pelotes de ficelle. Ils cohabitent avec les araignées. Ils ne sont pas allergiques à la poussière. Groupés, serrés les uns contre les autres, ils ont la stabilité et la patience des menhirs. Autrefois, les souris, hardiment, les grignotaient. Mais, devant la prolifération des couvertures, elles y ont à peu près toutes renoncé. Les

1. ***Patricia Highsmith*** (1921-1995) : romancière américaine, auteur de thrillers psychologiques. En 1970, elle publie un recueil de nouvelles inquiétantes intitulé en français *L'Amateur d'escargots* (1975, pour la traduction française).

souris sont la preuve qu'une trop grande accumulation d'imprimé peut décourager.

Au fil des décennies, les livres sont devenus de féroces colonisateurs. Ils bouffent sans cesse de l'espace ; et leur voracité se révèle d'autant plus efficace qu'elle est silencieuse et que leurs manœuvres lentes et usurpatrices se font sous le couvert rassurant de la culture et avec la bénédiction des professeurs. [...]

Pour n'être pas submergé, je me suis donné pour discipline d'en éliminer chaque jour, surtout les dimanches et jours fériés, quand les envahisseurs font la trêve. C'est lâche, je le reconnais, mais devant un péril si grand le respect du code de l'honneur serait suicidaire. Près de la porte de sortie, j'en fais des piles, qui partiront chez des parents, des amis, dans des bibliothèques, etc. (n'écrivez pas, la demande est depuis longtemps supérieure à l'offre), où ils continueront leur invasion feutrée et hypocrite.

Impossible, ici, de raconter toutes les ruses des livres pour imposer leur présence. Ils jouent tantôt du cœur (tu aimeras me relire plus tard), tantôt de la raison (tu auras profit à me consulter). D'agrément ou de référence, de plaisir ou de travail, de divertissement ou d'exégèse [1], ils ont toujours un bon motif pour vouloir rester. Malheur au lecteur trop sentimental ! Malheur à celui qui doute de sa mémoire ! Malheur aux conservateurs ! Malheur aux distraits ! Ils finiront par succomber...

Que de fois me suis-je laissé aller au découragement, accablé par leur nombre, et surtout par les airs de nécessité qu'ils se donnent. L'idée vous vient-elle de vous séparer de celui-ci qu'il vous fiche mauvaise conscience. Vous vous sentez accusé de crime prémédité contre l'esprit – ou, si c'est l'œuvre d'une personne que vous connaissez, de crime contre l'amitié ; ou, si c'est un volume inutile mais magnifiquement imprimé et illustré, de crime contre la beauté ; ou, si c'est un roman de débutant au talent incertain, de crime contre l'espérance ; ou, si ce sont les

1. ***Exégèse*** : analyse interprétative d'un texte.

principaux ouvrages d'un académicien décédé, à la postérité aléatoire, de péché contre la charité…

Comment distinguer le durable de l'éphémère ? Séparer l'essentiel du superflu ?

Préface à *La Bibliothèque idéale* [extrait], © Albin Michel, 1988, rééd. Le Livre de Poche, coll. « Encyclopédies d'aujourd'hui », 1992, p. X-XII.

Analyse et perspectives

1. Analysez les procédés littéraires employés par l'auteur pour montrer l'envahissement de l'espace par les livres.
2. Quelles raisons justifient ici l'impossibilité de se débarrasser des livres ?
3. Selon vous, quelles solutions peut-on envisager contre cette prolifération des livres ? et contre celle des objets en général ?

■ Guillaume Bonvoisin, « Le difficile recyclage de l'iPhone et des produits électroniques en fin de vie » (2012)

Pour le site d'informations sur les produits électroniques Cnet-france.fr, Guillaume Bonvoisin aborde une question épineuse : « Le difficile recyclage de l'iPhone et des produits électroniques en fin de vie ». Les pays en voie de développement sont ceux qui pâtissent le plus du manque de réglementation en la matière.

[Quand le recyclage devient problématique]

Après avoir assisté à la naissance de l'iPhone dans les exploitations minières de minéraux rares, Jay Greene s'est intéressé pour CNET.com au devenir d'un iPhone en fin de vie et au délicat problème du recyclage.

Il évoque tout d'abord la ville de Guiyu [1] en Chine, un village sinistré écologiquement parlant pour les défenseurs de la cause verte, le « Tchernobyl des déchets électroniques ». Les circuits qui atterrissent dans cette ville sont brûlés pour récupérer le plomb et les cendres restantes sont déversées dans les rivières de la ville et les canaux alentour.

Ces déchets toxiques contaminent fatalement les puits et eaux souterraines. C'est pourquoi Guiyu est la ville qui détient le triste record du plus haut niveau de dioxines [2] cancérigènes au monde. Il en résulte un grand nombre de fausses couches pour les femmes et beaucoup d'enfants souffrent de saturnisme [3].

La triste ironie du cycle de vie des produits électroniques grand public, fait remarquer Jay Greene, est qu'ils sont créés en Chine. Les terminaux informatiques, moniteurs et téléphones mobiles usagés reviennent ensuite y finir leur vie après avoir été utilisés dans le monde entier.

L'iPhone et autres smartphones sont eux aussi concernés car ils contiennent de nombreuses substances toxiques et dangereuses. Malgré les réglementations internationales, leur valeur, même à l'état usagé ou cassé, fait qu'ils finissent bien souvent leur vie dans les pays en voie de développement.

Apple a toutefois fait des efforts pour réduire la présence de produits toxiques sur ses téléphones, comme l'indique un rapport sur l'iPhone 5 publié sur le site Apple. Certaines substances dangereuses comme les retardateurs de flamme bromés ou le chlorure de polyvinyle ont notamment été exclus pour la fabrication de l'appareil.

D'autres mesures ont été prises par Apple pour éviter que les déchets électroniques finissent leur vie dans des endroits comme

1. ***Guiyu*** se trouve sur la côte de la mer de Chine méridionale.

2. ***Dioxines*** : substances polluantes.

3. ***Saturnisme*** : intoxication due au plomb qui peut causer des troubles physiques et psychomoteurs, ainsi qu'un retard du développement mental.

Guiyu. Tous les appareils collectés par Apple sont traités dans la région où ils sont renvoyés par les consommateurs. La société propose en effet un programme de récupération pour lequel il rémunère les consommateurs qui renvoient leur matériel.

Certains appareils toujours fonctionnels sont remis en service par des sociétés spécialisées pour être revendus dans des pays en voie de développement. C'est le prolongement de la durée de vie du produit qui est privilégiée avant le désassemblage. Logique, mais pas toujours souhaitable malheureusement.

Une deuxième vie du produit dans un pays en voie de développement signifie également que l'appareil ne bénéficiera pas forcément du même soin apporté au recyclage. La Chine fait partie de ces pays. Même si le niveau de vie s'élève peu à peu dans les grandes villes, la pauvreté est encore très présente. […]

Jay Greene s'est ensuite mis en quête d'un atelier de recyclage qu'il a finalement trouvé dans le village de Dashan. Dans une chaleur étouffante, une dizaine d'ouvriers, principalement des femmes, s'affairent à désassembler les composants. Le plastique, les câbles, fils et circuits d'ordinateurs sont triés, pas de téléphones mobiles dans le local ce jour-là.

Le responsable de l'atelier semblait fier de son travail : « Nous allons tout désassembler et le recycler. Nous ferons de nouveaux produits avec, nous ne jetons rien. »

« Est-ce bon pour l'environnement ? » a demandé notre reporter en montrant des images prises ce jour-là à Jim Puckett, de Basel Action Network, qui milite pour réduire l'export de nos produits électroniques vers les pays en voie de développement. Sa réponse surprend : « Ce type de recyclage est pire que de ne rien faire. Il serait préférable de simplement les mettre en décharge. »

Le responsable de l'ONG[1] pense que les plastiques sont fondus dans des conditions dangereuses, rejetant ainsi des

---

1. ***ONG*** : organisation non gouvernementale.

toxines dans l'air, pour fabriquer de nouveaux objets de la vie courante. Les métaux sont fondus pour la revente dans les mêmes conditions, câbles et circuits finissent à Guiyu, selon lui.

Jay Greene a également rencontré Du Huanzheng, professeur à l'université de Jiaxing [1], qui se rend souvent à Guiyu pour sensibiliser les habitants aux risques pour leur santé. Mais c'est avant tout l'argent qui les préoccupe, explique-t-il, ils font « le choix » de souffrir plus tard afin de pouvoir se nourrir aujourd'hui. Sans les déchets électroniques ils ne pourraient pas.

Durant son entrevue avec le professeur, il a utilisé son iPhone pour joindre un traducteur. En lui montrant l'appareil, il a demandé si des composants de l'iPhone parvenaient jusqu'à Guiyu. « Pas encore », a répondu Du Huanzheng, la plupart des iPhone ayant fait leur apparition fin 2009 lorsque Apple a lancé le produit en Chine. Mais c'est une bombe à retardement de 20 millions d'unités. « Tous deviendront des déchets électroniques et finiront à Guiyu », a-t-il conclu.

« Le difficile recyclage de l'iPhone
et des produits électroniques en fin de vie »,
28 septembre 2012, © cnetfrance.fr.

Analyse et perspectives

1. Quel risque y a-t-il à vouloir offrir une seconde vie aux produits électroniques en les revendant dans des pays en voie de développement ? Envisagez-vous une solution qui permettrait à la fois cette seconde vie et un recyclage propre ?
2. Pourquoi les habitants de Guiyu acceptent-ils une destruction des objets électroniques aussi peu soucieuse de l'environnement et de leur propre santé ? Pensez-vous à une échappatoire ? Argumentez votre réponse.

---

1. ***Jiaxing*** : ville de l'est de la Chine.

3. Que pensez-vous de la politique mise en place par Apple ? Est-elle menée uniquement parce que l'entreprise se soucie de l'environnement ? Peut-elle y trouver un avantage sur ses concurrents ? Développez et argumentez votre réponse.

2. Prise de conscience

Aliénés par l'objet, que pouvons-nous faire, sinon pour nous libérer de son emprise, du moins pour en reprendre le contrôle et reconnaître ce que nous lui devons ? Car l'objet n'est pas qu'un amas d'atomes voué à une fonction utilitaire. Par son histoire, il est lié à la mémoire individuelle ou collective et, à ce titre, même parfaitement démodé ou cassé, peut encore raconter une histoire. Ainsi en va-t-il du buffet décrit par Arthur Rimbaud (p. 134) et des objets réunis dans les singuliers vide-greniers que constituent les réderies évoquées par Octave Debary et Arnaud Tellier (p. 135). Cependant, même riche d'une histoire, l'objet peut continuer d'être un redoutable piège, susceptible de tromper les individus et de leur faire croire à la toute-puissance de leur vouloir et de leur pouvoir, comme la peau de chagrin imaginée par Honoré de Balzac (p. 139). C'est pourquoi il est peut-être plus raisonnable et plus prudent de limiter la quantité d'objets qui nous entourent, à l'image de ceux qui font le choix de « vivre avec cent objets », auxquels s'intéresse Marie Piquemal (p. 142). Ou encore de suivre la leçon de philosophie de l'empereur romain Marc-Aurèle, qui, en bon stoïcien, appelle à mettre à nu les objets pour s'en détacher, en libérer notre esprit et nous permettre d'accéder au bonheur (p. 146).

© Elin Høyland

■ Photo de Thilafushi, île poubelle située au large de Malé, capitale des Maldives. Autrefois paradisiaque comme les autres îles de l'archipel, le territoire a été transformé en décharge en 1992 par le gouvernement qui ne savait plus comment gérer la quantité exponentielle de déchets produits par les touristes et autochtones sur les îles voisines. Longue de 7 km et large de 200 m, elle gagnerait près d'1 m² par jour.
Les objets tendent à nous envahir non seulement quand ils sont utilisables, mais encore quand ils ne le sont plus.

■ Arthur Rimbaud, « Le Buffet » (1870)

Arthur Rimbaud (1854-1891) est encore adolescent quand il écrit « Le Buffet » (1870). Inséré dans le « Recueil Demeny », ce poème donne à voir un objet du quotidien, très ordinaire, sous un jour nouveau. Le buffet est démodé et vieilli, mais il regorge d'histoires. Son rôle ne se limite pas à contenir du linge de maison ; désormais il est avant tout un passeur de mémoire, symbole du temps qui s'écoule. Le meuble n'est plus exclusivement considéré sous son jour matériel mais prend réellement vie sous le regard du poète.

Le Buffet

C'est un large buffet sculpté ; le chêne sombre,
Très vieux, a pris cet air si bon des vieilles gens ;
Le buffet est ouvert, et verse dans son ombre
Comme un flot de vin vieux, des parfums engageants ;

Tout plein, c'est un fouillis de vieilles vieilleries,
De linges odorants et jaunes, de chiffons
De femmes ou d'enfants, de dentelles flétries,
De fichus de grand-mère où sont peints des griffons [1] ;

– C'est là qu'on trouverait les médaillons, les mèches
De cheveux blancs ou blonds, les portraits, les fleurs sèches
Dont le parfum se mêle à des parfums de fruits.

– Ô buffet du vieux temps, tu sais bien des histoires,
Et tu voudrais conter tes contes, et tu bruis
Quand s'ouvrent lentement tes grandes portes noires.

Octobre [18]70.

« Le Buffet », *Poésies*, éd. S. Thonnerieux,
Flammarion, coll. « Étonnants Classiques », 2013, p. 76-77.

1. ***Griffons*** : animaux fabuleux à tête d'aigle et au corps de lion, munis de puissantes griffes (motif fréquent dans la décoration).

Analyse et perspectives

1. En vous aidant du texte, expliquez le rôle que peut avoir un buffet en tant qu'objet complexe et vivant. Pourquoi ne peut-il être réduit à son seul rôle utilitaire ? Argumentez votre réponse.
2. Comment le poète s'adresse-t-il au buffet ? Que traduit ce procédé de la relation qu'il entretient avec cet objet ? Appuyez votre réponse sur le texte.
3. Pouvez-vous citer un autre objet contenant lui aussi des histoires et susceptible d'être un passeur de mémoire ? Décrivez-le, en essayant de lui associer des parfums, des sentiments et éventuellement d'autres objets. Développez votre réponse.

■ Octave Debary, Arnaud Tellier, « Objets de peu : les marchés à réderies dans la Somme » (2004)

Dans cet article, les universitaires Octave Debary et Arnaud Tellier s'intéressent aux marchés à *réderies* (mot désignant dans la Somme les objets usagés) ou vide-greniers, qui proposent un mode communautaire de recyclage des objets usités, oubliés et délaissés, ayant perdu toute fonctionnalité. Ces marchés leur offrent une seconde vie. L'objet devient lieu de mémoire, de réparation, de commémoration, à défaut d'avoir encore une valeur d'usage. Alors que d'autres objets trouvent une place au musée et deviennent des témoins de l'histoire, les objets des réderies continuent de construire leur histoire, dans un travail de mémoire communautaire.

[La seconde vie des objets]

Les objets de réderie sont des objets de peu. De peu de vies. D'encore trop de vie pour être congédiés de tout avenir et envoyés aux poubelles sans réutilisation. Le presque-plus-rien est l'occasion de quelque chose. On peut prendre au sérieux les mots de Marcel Mauss qu'aimait rapporter Michel Leiris [1], d'après lesquels on en apprend autant sur nos sociétés à partir d'une boîte de conserve qu'avec son bijou le plus somptueux. L'importance des objets de réderie se signale par la place exceptionnelle qui leur est donnée : au centre du village ou dans des lieux communautaires (foyer rural, salle municipale). De dimanche en dimanche, les marchés à réderies permettent la migration éphémère des objets. Déposés au grenier comme lieu de retraite, on ne leur offre plus la possibilité d'une rencontre quotidienne, d'une vie au jour le jour. Dans ce lieu d'attente, certains sont conservés jusqu'à la mort de leur propriétaire, laquelle ouvre la possibilité d'un héritage, d'autres sont transmis du vivant de leur propriétaire (à la famille, aux amis, à des proches...), d'autres encore sont destinés au marché à réderies. Ces différents destins de l'objet attestent de la valeur du reste : « Le résidu n'est pas à détruire, il n'est qu'une ressource, dans l'attente d'un retour. » Ces objets de peu que l'on ne désire plus conserver, même au grenier, qu'il faut vider, revoient le jour lors des réderies. En les sortant et en les exposant, on leur offre une alternative à l'abandon, au débarras sans échange. [...]

La réderie est un marché du temps qui passe, des résidus de l'histoire que l'on se transmet. « Vidé », en fin de vie, il ne reste plus à l'objet que les impressions laissées par l'usage. Ce sont ces marques visibles que l'on vient reconnaître puis racheter. La valeur de l'objet repose sur ce qu'il a été. La signature de l'histoire donne lieu au rachat comme conciliation de la vie et de la mort. La réderie s'institue comme rite de passage. Quelque chose du passé nous revient par l'objet, dont les altérations indiquent la traversée de l'histoire. Si son rachat signe sa recon-

1. ***Marcel Mauss*** : voir note 2, p. 90 ; ***Michel Leiris*** (1901-1990) : écrivain et critique français.

naissance, sa réhabilitation, il peut également devenir l'objet d'une réparation. Un objet racheté est souvent par la suite réparé. Comme dans le cas des débats touchant à la patrimonialisation des monuments historiques, la question de la réparation des objets de réderie renvoie à ce qui fonde leur authenticité. La valeur patrimoniale d'un objet ne repose pas sur son état originel, mais sur son histoire. La réhabilitation d'un objet de réderie ne va pas jusqu'à le priver de toutes les impuretés ou cassures qui le signent. Comme l'avance Henri-Pierre Jeudy, « le plaisir de l'objet cassé [n']est-il [pas] le secret d'un amour pour l'impossible reconstitution ? » Pour que l'objet puisse encore dire l'histoire, il doit conserver dans sa texture ce qu'il a vécu. Le devenir-autre de l'objet sur les réderies engage son vendeur à passer un témoin parlant et convaincant.

Sur le point de perdre leur valeur d'usage, les objets gagnent une valeur de mémoire. La singularité de ce travail de mémoire tient au fait qu'on y traite la mort de son vivant. On ne se demande pas ce qui reste ou ce qui demeure attaché à l'objet une fois que son propriétaire est mort. Son propriétaire est là, il transmet l'objet de son vivant. La réderie est un marché d'objets presque perdus, de mémoires en sursis dont l'accumulation et l'absence de tri indiquent la confusion. Ce marché permet de trier et juger des collections sauvages, une mémoire non classée. L'histoire n'est pas « objectale », au sens où elle serait seulement écrite dans l'objet. Elle s'écrit d'un village à l'autre, de place en place, de main en main. Les altérations causées par la vie, dont témoigne l'objet résiduel, dévoilent la possibilité de la mort. Le débarras des réderies est une scène de commémoration. On défile devant les objets avant de les choisir et de les rapporter chez soi. Là, ils deviennent des objets-mémoire. La réderie offre à l'objet la possibilité d'un nouveau cycle de vie. Il s'y engage autant une fin (la fonctionnalité de l'objet comme valeur d'usage) qu'une suite (l'histoire comme valeur d'image et de décoration). Désormais l'objet atteste de l'histoire. Par-là, il gagne une nouvelle vie d'objet en retraite. Le « séjour » l'accueille à titre de décoration. Il fait salon. [...]

Le marché à réderies expose des objets usés, vidés, à l'article de la mort, sans distinction, sans piédestal, souvent à même le sol comme pour signifier une proche inhumation. Ces objets sont en balance entre deux instances : l'oubli comme enterrement ou la mémoire comme relèvement. Dans cet entre-deux, la réderie est l'occasion de petites histoires, quand d'autres objets, célébrés dans ces hauts-lieux que sont les musées, tendent à l'universel d'une autorité qu'on appelle l'histoire. Là où certains objets trouvent place dans des lieux de mémoire officiels (musées, monuments, archives), les objets de réderie sont mis à la rue. Quand les premiers bénéficient d'une promesse d'éternité liée au statut juridique d'inaliénabilité[1] des collections muséales, l'avenir des seconds est en sursis. Alors, à défaut de conservation muséale, l'économie patrimoniale des réderies s'organise communautairement. Elle permet un réinvestissement de ces objets qui n'ont plus de lieu propre et, en l'occurrence, pas de musée...

« Objets de peu : les marchés à réderies dans la Somme »,
L'Homme, © Éditions de l'EHESS, février 2004, n° 170.

Analyse et perspectives

1. Énumérez les différentes façons qu'ont les vide-greniers de permettre aux objets d'avoir une seconde vie.
2. Pourquoi dire de l'objet qu'il a une valeur patrimoniale et testimoniale importante ? Quelle différence le texte opère-t-il entre les objets de réderies et ceux des musées ?
3. Pensez-vous que l'objet doive être « usé », « vidé », pour devenir objet de curiosité ?

1. ***Inaliénabilité*** : fait de n'être pas aliénable (voir note 2, p. 26).

■ Honoré de Balzac, *La Peau de chagrin* (1831)

Honoré de Balzac (1799-1850) présente un étrange objet dans *La Peau de chagrin*. Le personnage principal, Raphaël de Valentin, a décidé de se suicider en se jetant dans la Seine. Mais, avant de passer à l'acte, il entre chez un antiquaire et découvre un objet qui va définitivement modifier le cours de son existence. Il s'agit d'une peau de chagrin[1], qui exaucera toutes les volontés de son détenteur, en échange de sa vie, et rétrécira chaque fois qu'un vœu se réalisera. Malgré les mises en garde du vieux marchand, Raphaël s'empare de l'objet, qui finit par le déposséder de lui-même.

[Un contrat fatal]

« Retournez-vous, dit le marchand en saisissant tout à coup la lampe pour en diriger la lumière sur le mur qui faisait face au portrait, et regardez cette PEAU DE CHAGRIN », ajouta-t-il.

Le jeune homme se leva brusquement et témoigna quelque surprise en apercevant au-dessus du siège où il s'était assis un morceau de *chagrin* accroché sur le mur, et dont la dimension n'excédait pas celle d'une peau de renard ; mais, par un phénomène inexplicable au premier abord, cette peau projetait au sein de la profonde obscurité qui régnait dans le magasin des rayons si lumineux que vous eussiez dit une petite comète. Le jeune incrédule s'approcha de ce prétendu talisman qui devait le préserver du malheur, et s'en moqua par une phrase mentale. Cependant, animé d'une curiosité bien légitime, il se pencha pour regarder alternativement la peau sous toutes les faces, et découvrit bientôt une cause naturelle à cette singulière lucidité. Les grains[2] noirs du chagrin étaient si soigneusement polis et si bien brunis, les rayures capricieuses en étaient si propres et si

1. ***Chagrin*** : pièce de cuir utilisée en maroquinerie de luxe.
2. ***Grains*** : ici, aspérités.

nettes, que, pareilles à des facettes de grenat [1], les aspérités de ce cuir oriental formaient autant de petits foyers qui réfléchissaient vivement la lumière. Il démontra mathématiquement la raison de ce phénomène au vieillard, qui, pour toute réponse, sourit avec malice. Ce sourire de supériorité fit croire au jeune savant qu'il était la dupe en ce moment de quelque charlatanisme. Il ne voulut pas emporter une énigme de plus dans la tombe, et retourna promptement la peau comme un enfant pressé de connaître les secrets de son jouet nouveau.

« Ah ! ah ! s'écria-t-il, voici l'empreinte du sceau que les Orientaux nomment le cachet de Salomon [2]. » [...]

SI TU ME POSSÈDES, TU POSSÉDERAS TOUT.
MAIS TA VIE M'APPARTIENDRA. DIEU L'A
VOULU AINSI. DÉSIRE, ET TES DÉSIRS
SERONT ACCOMPLIS. MAIS RÈGLE
TES SOUHAITS SUR TA VIE.
ELLE EST LÀ. À CHAQUE
VOULOIR, JE DÉCROÎTRAI
COMME TES JOURS.
ME VEUX-TU ?
PRENDS. DIEU
T'EXAUCERA.
SOIT !

« Ah ! vous lisez couramment le sanscrit [3], dit le vieillard. Peut-être avez-vous voyagé en Perse [4] ou dans le Bengale [5] ?

---

1. ***Grenat*** : pierre rouge sombre.
2. Allusion au sceau de Salomon, fils de David et roi d'Israël au Xe siècle av. J.-C. Il représente un hexagramme étoilé, appelé aujourd'hui étoile de David, symbole du judaïsme
3. ***Sanscrit*** : ancienne langue de l'Inde.
4. ***Perse*** : Iran actuel.
5. ***Bengale*** : région de l'est de l'Inde.

– Non, monsieur », répondit le jeune homme en tâtant avec curiosité cette peau symbolique, assez semblable à une feuille de métal par son peu de flexibilité.

Le vieux marchand remit la lampe sur la colonne où il l'avait prise, en lançant au jeune homme un regard empreint d'une froide ironie qui semblait dire : « Il ne pense déjà plus à mourir. »

« Est-ce une plaisanterie ? est-ce un mystère ? » demanda le jeune inconnu.

Le vieillard hocha de la tête et dit gravement :

« Je ne saurais vous répondre. J'ai offert le terrible pouvoir que donne ce talisman à des hommes doués de plus d'énergie que vous ne paraissez en avoir ; mais, tout en se moquant de la problématique influence qu'il devait exercer sur leurs destinées futures, aucun n'a voulu se risquer à conclure ce contrat si fatalement proposé par je ne sais quelle puissance. Je pense comme eux, j'ai douté, je me suis abstenu, et...

– Et vous n'avez pas même essayé ? dit le jeune homme en l'interrompant.

– Essayer ! répondit le vieillard. Si vous étiez sur la colonne de la place Vendôme, essayeriez-vous de vous jeter dans les airs ? Peut-on arrêter le cours de la vie ? L'homme a-t-il jamais pu scinder la mort ? Avant d'entrer dans ce cabinet, vous aviez résolu de vous suicider ; mais tout à coup un secret vous occupe et vous distrait de mourir. Enfant ! Chacun de vos jours ne vous offrira-t-il pas une énigme plus intéressante que ne l'est celle-ci ? Écoutez-moi. J'ai vu la cour licencieuse du régent [1]. Comme vous, j'étais alors dans la misère, j'ai mendié mon pain ; néanmoins j'ai atteint l'âge de cent deux ans, et je suis devenu millionnaire : le malheur m'a donné la fortune, l'ignorance m'a instruit. Je vais vous révéler en peu de mots un grand mystère de la vie humaine.

1. Allusion à la Régence (1715-1723), considérée comme une période de débauche.

« L'homme s'épuise par deux actes instinctivement accomplis qui tarissent les sources de son existence.

« Deux verbes expriment toutes les formes que prennent ces deux causes de mort : VOULOIR ET POUVOIR. Entre ces deux termes de l'action humaine, il est une autre formule dont s'emparent les sages, et je lui dois le bonheur et ma longévité. *Vouloir* nous brûle, et *pouvoir* nous détruit ; mais SAVOIR laisse notre faible organisation dans un perpétuel état de calme [...]. »

La Peau de chagrin, éd. N. Satiat, GF-Flammarion, 2013, p. 104-112.

Analyse et perspectives

1. Quelle est la solution pour contrer les effets destructeurs du *pouvoir* et du *vouloir* ? Appuyez votre réponse sur le texte.
2. Quel rôle joue l'objet dans ce passage ? Comment Balzac l'auréole-t-il de mystère ? Citez le texte pour répondre à cette question.
3. À la place de Raphaël, que feriez-vous ? Argumentez votre réponse en mettant en évidence votre raisonnement.

■ Marie Piquemal, « Ils ont décidé de vivre avec cent objets » (2010)

Dans cet article, la journaliste Marie Piquemal présente un défi d'un type particulier, qui consiste à limiter les objets de notre vie quotidienne à un nombre très restreint, nous contraignant ainsi à faire des choix et à redéfinir nos priorités.

[Un défi plein d'audace]

Dans sa liste, on a pioché : un tee-shirt rouge, une planche de surf, une bouteille en plastique, une bible d'occasion, un téléphone portable avec chargeur, une alliance, des cartes de visite, un chapeau en laine (que sa femme trouve trop moche), une paire de Dr Martens achetée le 20 mai 2009… Au total, cent objets tout rond, pas un de plus sinon c'est tricher.

Le gars qui a fait cette liste s'appelle Dave – son blog : guynameddave. Il est né à San Diego [1], aux États-Unis, et il y vit avec sa femme, ses trois filles et son chien Piper. Le 12 novembre 2008, il se lance un défi : vivre avec cent objets maximum pendant un an. Le « 100 Thing Challenge [2] » doit l'aider à se libérer de la société de consommation à l'américaine. « Beaucoup de gens ont le sentiment que leur penderie et leur garage débordent de choses qui ne rendent pas vraiment leur vie meilleure. » D'où cette idée qu'il résume en trois verbes : « réduire, refuser et redéfinir » ses priorités.

A-t-on besoin d'avoir toujours plus pour être heureux ? L'interrogation n'est pas nouvelle, certains se la posent depuis belle lurette mais, la crise aidant, elle revient en force. Et inspire ici et là des actes de rébellions. Ce challenge des cent objets en est un, comme l'explique Sophie Dubuisson-Quellier, chercheur au CNRS et à Sciences Po [3]. « C'est une forme de militantisme. Avec un but précis : porter un message sur la place publique. Vivre avec cent objets, cela tient presque du slogan. Ça parle aux gens tout de suite… »

Définir les objets prioritaires amène à des questions existentielles du genre : faut-il se limiter en livres ? En sous-vêtements ? Et que faire du canapé du salon ? Dave a décidé d'exclure tous les « biens partagés » (lit, table de la salle à manger…) pour ne décompter que les objets strictement personnels. En s'accordant quelques libertés comme pouvoir changer un objet par un autre.

---

1. ***San Diego*** : ville côtière du sud de la Californie.

2. ***100 Thing Challenge*** : défi des cent objets.

3. ***CNRS*** : voir note 1, p. 88 ; ***Sciences Po*** : surnom de l'Institut d'études politiques de Paris, grande école spécialisée dans les sciences humaines.

Ou compter les caleçons dans un même groupe, comme un seul objet. Idem pour les chaussettes.

Un peu trop facile au goût de Colin, beau gosse baroudeur, qui raconte sur son blog, photos à l'appui, comment il a réussi à tomber à soixante-douze puis cinquante et un objets, pour être libre comme l'air et déménager à la vitesse de l'éclair. Dans son règlement, précise-t-il, les lunettes de vue et son étui ne font qu'un, le papier toilette et la nourriture ne comptent pas.

Plus pragmatique, le blog de Rowdy Kittens propose des conseils pratiques pour décrocher en douceur : « commencer petit, en donnant par exemple dix objets par semaine à une association caritative », « fuyez les galeries marchandes » et « les pubs à la télé » pour ne pas être tenté. Autre moyen de résister : se répéter chaque fois que nécessaire que « moins d'affaires simplifie le ménage » et que « le désordre est une forme de procrastination [1] ».

Sur sa liste, la blogueuse ne compte tout de même qu'un seul objet pour ses élastiques à cheveux. Elle affirme que « le challenge des cent choses peut paraître arbitraire mais au fond, c'est un bon exercice. Il nous oblige à faire l'inventaire de tout ce qu'on a, nos buts dans la vie. Le plus gros défi est de décider ce qui compte et ce qui ne compte pas. »

Caracolent en tête des objets indispensables : l'ordinateur portable, le wi-fi, MP3 et autres disques durs. « Ce grand écart entre un mode de vie dépouillé et un usage avancé des nouvelles technologies peut sembler paradoxal, reconnaît Sophie Dubuisson-Quellier. Mais, pour eux, cela ne l'est pas du tout : les militants anti-consuméristes ont des pratiques très développées en matière d'usage des nouvelles technologies. C'est en accord avec leur objectif que de faire passer un message le plus largement possible. »

1. ***Procrastination*** : attitude qui consiste à sans cesse reporter au lendemain ce que l'on pourrait faire le jour même.

Pour la sociologue Anne Chaté, aussi, « mettre dans sa liste un ordinateur est tout à fait défendable. C'est comme pour un régime minceur. Il vaut mieux des habitudes alimentaires saines qu'un régime sévère qui débouche sur des frustrations et des excès. Il vaut mieux une modération… modérée. »

Le « 100 Thing Challenge » n'est qu'un défi du genre. On en trouve à la pelle sur la toile, cheminant de blogs en blogs, de Facebook à Twitter, se revendiquant du courant de la « simplicité volontaire » bien ancré aux États-Unis…

Certains parviennent jusque dans les colonnes des journaux, indépendamment du nombre de personnes concernées, d'ailleurs. Si le défi des cent objets n'a pas trouvé d'écho, pour l'heure, en France, d'autres initiatives s'exportent bien : la journée mondiale sans achat (« Buy not day ») ou le freegan, qui consiste à consommer le moins possible en récupérant les aliments encore consommables dans les poubelles des magasins.

« Il est important de distinguer ces formes de militantisme, pensées pour être médiatisées, des pratiques plus diffuses et éparses de ces consommateurs qui s'interrogent au coup par coup sur l'opportunité de tel ou tel achat et qui décident de modifier leurs comportements », conclut Sophie Dubuisson-Quellier.

« Ils ont décidé de vivre avec cent objets »,
© Libération.fr, 16 août 2010.

Analyse et perspectives

1. Pourquoi certaines personnes décident-elles de vivre avec très peu d'objets ? Expliquez-en les raisons en vous appuyant sur le texte.
2. Pourquoi peut-on voir une contradiction dans la présence d'un ordinateur parmi le « nécessaire vital » d'une personne relevant le défi des cent objets ?
3. Personnellement, quels seraient les dix objets avec lesquels vous choisiriez de vivre, si cela était nécessaire ? Justifiez votre réponse.

■ Marc-Aurèle, *Pensées pour moi-même* (IIe siècle apr. J.-C.)

L'empereur romain Marc-Aurèle (121-180) marqua Rome par son sens de l'État et par sa philosophie stoïcienne, grand mouvement de pensée fondé par le Grec Zénon au VIe siècle av. J.-C. S'inscrivant dans la lignée des précédents philosophes de cette école, il écrit en grec *Pensées pour moi-même*, entre 170 et 180. Considérant que le monde est fait d'atomes et que cette matière ne doit pas troubler l'âme, il recommande de prendre de la distance par rapport aux objets, pour ne pas dépendre d'eux de manière inconséquente. En effet, pour les stoïciens, c'est grâce à la raison qu'on peut goûter à une vie harmonieuse.

[Petite leçon de philosophie pour stoïcien en herbe]

XIII. – De même que l'on peut se faire une représentation de ce que sont les mets et les autres aliments de ce genre, en se disant : ceci est le cadavre d'un poisson ; cela, le cadavre d'un oiseau ou d'un porc ; et encore, en disant du Falerne [1], qu'il est le jus d'un grappillon [2] ; de la robe prétexte [3], qu'elle est du poil de brebis trempée dans le sang de coquillage [4] ; de l'accouplement, qu'il est le frottement d'un boyau et l'éjaculation, avec un certain spasme, d'un peu de morve. De la même façon que ces représentations atteignent leurs objets, les pénètrent et font voir ce qu'ils sont, de même faut-il faire durant toute ta vie ; et, toutes les fois que les choses te semblent trop dignes de confiance,

1. ***Falerne*** : vin de Campanie (Italie méridionale), très réputé dans l'Antiquité.
2. ***Un grappillon*** : une petite grappe de raisin.
3. ***Robe prétexte*** : toge blanche bordée de pourpre, portée par les hauts magistrats romains, ainsi que par les garçons de moins de seize ans. C'est un symbole de haut rang et de richesse.
4. La couleur pourpre était obtenue grâce à un coquillage, le murex.

mets-les à nu, rends-toi compte de leur peu de valeur et dépouille-les de cette fiction qui les rend vénérables. C'est un redoutable sophisme [1] que cette fumée d'estime ; et, lorsque tu crois t'occuper le mieux à de sérieuses choses, c'est alors qu'elle vient t'ensorceler le mieux. [...]

XIV. – La plupart des objets que la foule admire se ramènent aux plus généraux, aux objets qui subsistent en vertu d'une façon d'être ou d'un état de nature [2] : pierres, bois, figuiers, vignes, oliviers. Ceux qu'admirent les gens un peu plus sensés, aux êtres qui subsistent par une âme vivante, comme les troupeaux de gros et de menu bétail. Ceux qu'admirent les gens encore plus cultivés, aux êtres doués d'une âme raisonnable [3], non pas toutefois de l'âme universellement raisonnable, mais de celle qui rend habile dans les arts, ingénieux de quelque autre manière ou simplement capable d'acquérir un grand nombre d'esclaves. Mais celui qui honore l'âme universellement raisonnable et sociale ne fait plus aucun cas du reste. Avant tout, il conserve fidèlement son âme dans ses prérogatives et ses activités raisonnables et sociales et il aide son semblable à tendre au même but.

XV. – Sans cesse entre les choses, les unes se hâtent d'être, les autres se hâtent d'avoir été, et, de ce qui vient à l'être, quelque partie déjà s'est éteinte. Écoulements et transformations renouvellent le monde constamment, comme le cours ininterrompu du temps maintient toujours nouvelle la durée infinie. Dans ce fleuve, de quel objet parmi ceux qui passent en courant pourrait-on faire cas, puisqu'il n'est pas possible de s'arrêter sur aucun ? [...]

Pensées pour moi-même, trad. Mario Meunier,
GF-Flammarion, 1992, livre VI, p. 86-88.

---

1. ***Sophisme*** : raisonnement qui, tout en paraissant vrai, mène à des conclusions fausses et illogiques.

2. Allusion à la stabilité des objets, qui sont naturellement dénués d'âme et physiquement permanents.

3. ***Raisonnable*** : ici, rationnelle, douée de raison.

Analyse et perspectives

1. À la manière de Marc-Aurèle, prenez un objet et décomposez-le (comme il le fait d'une robe prétexte ou d'un vin). Que déduit Marc-Aurèle de cette étape ?
2. Quelle classification Marc-Aurèle fait-il des objets, en fonction du public qui s'y intéresse ?
3. D'après vous, considérer le monde comme Marc-Aurèle recommande de le faire est-il une manière de rester ancré dans la réalité ? Est-ce une manière d'être heureux ou au contraire est-ce une façon de brimer tous nos rêves ? Argumentez votre réponse.

3. La dématérialisation est-elle une libération ?

Tout philosophe qu'on soit, on ne se passerait guère de certains objets. Les ingénieurs s'emparent aujourd'hui du problème posé par la matérialité de l'objet. On ne compte plus les équipements numériques et électroniques permettant de stocker des quantités presque illimitées de données. La course à l'infiniment petit est engagée et les objets ont tendance à devenir compacts. On cherche ainsi à se défaire de ses bibliothèques, de ses discothèques, de tous ses rayonnages encombrants qui sont autant de strates de notre histoire personnelle.

Mais peut-on aussi facilement s'affranchir de la matérialité et de ce qu'elle représente pour nous ? Tenir un objet entre ses mains, le maltraiter comme on maltraite un livre, n'est-ce pas un plaisir qu'il faudrait se ménager ? Daniel Pennac explique la relation que nous entretenons avec nos livres et la jouissance que nous éprouvons à les posséder et à en faire ce que nous désirons (p. 149). De même, pour Benoît Melançon, le courrier électronique ne saurait se substituer à la lettre, précisément parce que la matérialité de cette dernière véhicule une forte charge d'affect dont le courrier électronique, par nature, se trouve privé (p. 152). Bien plus que la dématérialisation de l'objet, c'est l'idée même de cette dernière qu'il faut questionner, nous dit Mélanie Roustan (p. 154). Les nouveaux objets issus de la révolution numérique ne remplacent pas les objets qui les ont précédés mais viennent s'y adjoindre et les compléter, en offrant de nouvelles fonctionnalités. En outre, Aurélie Charpentier nous met en garde dans son article (p. 156) : la consommation dématérialisée ne s'accompagne pas d'une réduction de la consommation, comme on pourrait s'y attendre.

■ Daniel Pennac, *Comme un roman* (1992)

L'écrivain Daniel Pennac (né en 1944) entre en littérature avec *Au Bonheur des ogres*, un roman qui signe aussi la naissance de son héros Malaussène.
Son essai *Comme un roman* est une invitation à réfléchir à la manière d'appréhender le livre, la lecture et la littérature. Après avoir tenté d'analyser d'où vient l'amour des livres et pourquoi les jeunes en ont perdu le goût, l'auteur propose divers moyens pour y remédier. Dans cette partie, Daniel Pennac explique le sentiment de propriété absolue qu'éveille en nous l'objet-livre et notre attachement féroce et passionnel à sa matérialité.

[C'est *mon* livre]

Peu d'objets éveillent, comme le livre, le sentiment d'absolue propriété. Tombés entre nos mains, les livres deviennent nos esclaves – esclaves, oui, car de matière vivante, mais esclaves que nul ne songerait à affranchir, car de feuilles mortes. Comme tels, ils subissent les pires traitements, fruits des plus folles amours ou d'affreuses fureurs. Et que je te corne les pages (oh ! quelle blessure, chaque fois, cette vision de la page cornée ! « mais c'est pour savoir où j'en suiiiiiiiis ! »), et que je te pose ma tasse de café sur la couverture, ces auréoles, ces reliefs de tartines, ces taches d'huile solaire… et que je te laisse un peu partout l'empreinte de mon pouce, celui qui bourre ma pipe pendant que je lis… et cette Pléiade [1] séchant piteusement sur le radiateur après être tombée dans ton bain (« *ton* bain, ma chérie, mais *mon* Swift [2] ! ») et ces marges griffonnées de commentaires heureusement illisibles, ces paragraphes nimbés de marqueurs *fluorescents*… ce bouquin définitivement infirme pour être resté une semaine entière ouvert sur la tranche, cet autre prétendument protégé par une immonde couverture de plastique transparent à reflets pétroléens… ce lit disparaissant sous une banquise de livres éparpillés comme des oiseaux morts… cette pile de Folio [3] abandonnés à la moisissure du grenier… ces malheureux livres d'enfance que plus personne ne lit, exilés dans une maison de campagne où plus personne ne va… et tous ces autres sur les quais, bradés aux revendeurs d'esclaves…

Tout, nous faisons tout subir aux livres. Mais c'est la façon dont *les autres* les malmènent qui seule nous chagrine…

Il n'y a pas si longtemps, j'ai vu de mes yeux vu une lectrice jeter un énorme roman par la fenêtre d'une voiture roulant à vive allure : c'était de l'avoir payé si cher, sur la foi de critiques si compétents, et d'en être tellement déçue. Le grand-père du romancier Tonino Benacquista, lui, est allé jusqu'à *fumer* Platon ! Prisonnier de guerre quelque part en Albanie, un reste

1. La ***Bibliothèque de la Pléiade*** est une collection de prestige des éditions Gallimard, regroupant des auteurs de renom dans des éditions de luxe.
2. ***Jonathan Swift*** (1667-1745) : écrivain irlandais, célèbre pour avoir écrit *Les Voyages de Gulliver* en 1721.
3. ***Folio*** : collection de livres de poche des éditions Gallimard.

de tabac au fond de sa poche, un exemplaire du *Cratyle* [1] (va savoir ce qu'il fichait là ?), une allumette… et crac ! une nouvelle façon de dialoguer avec Socrate… par signaux de fumée.

Autre effet de la même guerre, plus tragique encore : Alberto Moravia et Elsa Morante [2], contraints de se réfugier pendant plusieurs mois dans une cabane de berger, n'avaient pu sauver que deux livres, *La Bible* et *Les Frères Karamazov* [3]. D'où un affreux dilemme : lequel de ces deux monuments utiliser comme papier hygiénique ? Si cruel qu'il soit, un choix est un choix. La mort dans l'âme, ils choisirent.

Non, quelque sacré que soit le discours tressé autour des livres, il n'est pas né celui qui empêchera Pepe Carvalho, le personnage préféré de l'Espagnol Manuel Vasquez Montalban [4], d'allumer chaque soir un bon feu avec les pages de ses lectures favorites.

C'est le prix de l'amour, la rançon de l'intimité.

Dès qu'un livre finit entre nos mains, il est *à nous*, exactement comme disent les enfants : « C'est *mon* livre »… partie intégrante de moi-même. C'est sans doute la raison pour laquelle nous rendons si difficilement les livres qu'on nous prête. Pas exactement du vol… (non, non, nous ne sommes pas des voleurs, non…) disons, un glissement de propriété, ou mieux, un transfert de substance : ce qui était à l'autre sous son œil devient mien tandis que mon œil le mange ; et, ma foi, si j'ai aimé ce que j'ai lu, j'éprouve quelque difficulté à le « rendre ».

Comme un roman, © Gallimard, coll. « Folio », 1992, p. 157-159.

---

1. ***Cratyle*** : livre du philosophe grec Platon (v. 427-348 ou 347 av. J.-C.), qui met en scène son maître Socrate (v. 470-399 av. J.-C.) discutant avec un certain Cratyle sur la nature des signes qui composent la langue.

2. ***Alberto Moravia*** (1907-1990) et ***Elsa Morante*** (1912-1985) : couple d'écrivains italiens qui s'opposa aux fascistes et fut obligé de s'exiler entre 1943 et 1944.

3. ***Les Frères Karamazov*** : dernier roman de l'écrivain russe Fiodor Dostoïevski (1821-1881), paru en 1880.

4. ***Manuel Vazquez Montalban*** (1939-2003) : écrivain catalan, auteur de romans policiers.

Analyse et perspectives

1. Relevez les champs lexicaux de la matérialité et de la propriété. Qu'en concluez-vous ?
2. En lisant ce texte, avez-vous l'impression que nous prenons soin des livres ? Justifiez votre réponse.
3. Pensez-vous que la dématérialisation du livre ait un avenir ? Après avoir fait quelques recherches sur le sujet, pesez le pour et le contre de cette avancée technologique.

■ Entretien avec Benoît Melançon, « Quelle différence avec la lettre ? Le fétichisme[1] » (1999)

Universitaire québécois, Benoît Melançon est l'un des pionniers de l'analyse littéraire appliquée au courrier électronique. Interrogé par une journaliste de *Libération*, il livre ses réflexions sur la singularité de l'e-mail : pour le chercheur, celui-ci ne remplace pas la lettre. C'est une autre forme de communication qui se rapproche davantage de l'oralité, instituant instantanéité et intimité. Missive dématérialisée, l'e-mail perd tout aspect physique, empêche le fétichisme de la lettre et en assure ainsi paradoxalement la survie.

[« On ne pleure pas sur un ordinateur »]

L'« e-mail » est-il une nouvelle forme de la lettre ?

On dit partout que c'est une renaissance de la lettre, réputée disparue. C'est doublement faux : la lettre n'est pas morte ; et elle est très différente du courrier électronique. Pour moi, la nature de cette communication (efficacité, brièveté des messages) se rapproche du téléphone plus que de l'écrit. Un téléphone qui permettrait d'archiver ses conversations, mêlant

1. Sur le fétichisme, voir les textes de Marc Augé, p. 103, et de Freud, p. 106.

l'éphémère et le permanent. L'écriture électronique a d'ailleurs une dimension presque orale : c'est comme une conversation sans voix.

En fait, le courriel est une nouvelle forme de communication avec laquelle on fait ce qu'on a fait avec le téléphone ou le télégramme : on l'adapte. À l'origine, la communauté scientifique s'en servait pour transmettre des données objectives, factuelles. Aujourd'hui, on voit toutes sortes de façons de s'approprier le média. Les gens découvrent qu'ils peuvent participer à des listes de discussion ou échanger des messages interpersonnels. On se met à communiquer avec toutes sortes de personnes avec qui on ne communiquait pas ou très peu. Il y a une sorte d'investissement affectif massif, d'un coup. Et, à cause de cette instantanéité, de ce contact rapide et quotidien, le courriel donne une impression d'intimité. Une collègue par exemple m'a dit : « L'e-mail, c'est terrible. Dès que je me mets à correspondre avec quelqu'un, je deviens amoureuse. » [...]

La distinction fondamentale serait qu'il n'y a pas de fétichisme possible avec l'e-mail ?

Quand on reçoit une lettre, on reçoit un objet, une chose. Le courrier électronique est, au sens littéral, dématérialisé, désincarné. Ce n'est pas un objet. Le fétichisme qui peut être attaché à la lettre ne peut pas du tout l'être à l'e-mail. Je parle de fétichisme, parce qu'une lettre, c'est ce qui remplace le corps de l'autre. Quand on reçoit une lettre, d'une certaine façon, on reçoit le corps de l'autre. Avec un courrier électronique, tout ce qu'on reçoit, c'est des électrons [1]. Dans les correspondances réelles, ou les romans épistolaires, on voit partout les gens faire des choses avec des lettres, parce que ce sont des objets. On peut froisser une lettre, la brûler, pleurer dessus ou l'écrire avec

1. ***Électrons*** : particules qui composent les atomes et dont le déplacement constitue l'électricité.

son sang. On ne pleure pas sur un ordinateur, on ne froisse pas un écran cathodique et on ne connaît pas d'exemple de portables déchirés en petits morceaux et confiés au vent.

Après une rupture, on brûle sa correspondance. Il y a là un rite, une dimension spectaculaire. Avec le courriel, tout ce que vous pouvez faire, c'est effacer le message que vous avez à l'écran, en faisant *delete* [1], ce qui, évidemment du point de vue du rituel, n'est pas très fort. Vous pouvez aussi brûler les messages imprimés que vous avez reçus, mais ce ne sont pas les messages que l'autre a touchés. Quand on veut conserver un message important, on l'imprime, et on voit alors que ce texte n'est que du texte. Le fétichisme épistolaire est textuel et matériel. Si tant est que le fétichisme électronique soit concevable, il ne saurait être que textuel.

Nathalie Lavisalles, entretien avec Benoît Melançon,
« Quelle différence avec la lettre ? Le fétichisme »,
© *Libération*, 15 janvier 1999.

Analyse et perspectives

1. Quelle distinction l'auteur établit-il entre l'e-mail et la lettre ?
2. Peut-on fétichiser un courriel ? Pourquoi ?
3. Écrivez-vous encore du courrier sur papier ? À quelles occasions ? Tentez d'analyser les raisons de ce choix.

■ Mélanie Roustan, *Peut-on parler d'une « dématérialisation de la consommation » ?* (2004)

Dans une étude intitulée *Peut-on parler d'une « dématérialisation de la consommation » ?*, Mélanie Roustan, docteur en sociologie et en ethnologie, remet en question l'idée d'une « dématérialisation »

1. ***En faisant delete*** : en appuyant sur la touche « suppr ».

du bien de consommation pour les produits issus des nouvelles technologies.

[Quand le discours veut s'imposer à la réalité]

En résumé, la « dématérialisation » touche aussi bien la consommation en tant que relation marchande qu'en tant qu'usage. Elle constitue avant tout un discours, un imaginaire structurant, un cadre d'interprétation des changements survenus en termes de culture matérielle avec les nouvelles technologies. Les représentations liées à la « dématérialisation » peuvent être qualifiées d'« immatériel de l'immatériel » dans la mesure où elles constituent un imaginaire porté par des marchandises high-tech, qui met en scène un monde libéré de la matérialité des choses et des corps. Au contraire, l'observation et l'analyse des pratiques que sont censées désigner ces représentations donnent à voir un foisonnement d'objets matériels, requérant des « techniques du corps [1] » complexes, remettant ainsi en cause la pertinence analytique de l'idée d'une « dématérialisation » des usages. Toutefois, s'il n'y a pas « moins » de matière qu'auparavant, que ce soit dans les transactions marchandes ou dans l'utilisation des produits, si le corps en action reste au cœur des mécanismes de construction du sens, du social et des sujets, force est de constater l'apparition d'objets nouveaux, porteurs de cet imaginaire de la « dématérialisation ». C'est bien dans une évolution de culture matérielle que s'ancre la notion : certains objets offrent à l'action des corps (et donc à la construction des sujets) un « feuilletage » d'articulations entre dimensions matérielles et symboliques, original dans sa fluidité, sa flexibilité, et donc sa capacité à produire du sens. Mais que cette métamor-

1. ***Techniques du corps*** : notion inventée par Marcel Mauss (voir note 2, p. 90) désignant la façon dont les êtres humains se servent traditionnellement de leur corps (pour bouger, marcher, etc.).

phose se place de façon univoque dans un processus de « dématérialisation » relève d'un imaginaire développé autour de ces changements concrets (et bien souvent antérieurement).

Peut-on parler d'une « dématérialisation de la consommation » ?,
, Cahier de recherches n° 203, octobre 2004, p. 127.

Analyse et perspectives

1. Sur quoi se fonde essentiellement l'idée d'une « dématérialisation » du bien de consommation aujourd'hui, d'après l'analyse de Mélanie Roustan ? Donnez des exemples précis de ce phénomène.
2. Quel est le rôle des « objets nouveaux » dont parle l'auteur ? Citez au moins deux objets de ce type.
3. Pensez-vous être soumis à un discours qui impose le fantasme d'une dématérialisation ? D'après vous, est-il possible que les nouveaux objets technologiques remplacent un jour la majorité des objets courants qui les ont précédés ? Argumentez votre réponse en donnant des exemples précis.

■ Aurélie Charpentier, « Vers une consommation dématérialisée » (2007)

Dans un article de la revue *Marketing* paru en 2007, Aurélie Charpentier s'intéresse aux formes de la consommation dématérialisée et à ses conséquences, soulignant que, pour les biens culturels, ce phénomène transforme le rapport à l'objet. Pour les nouvelles générations, il devient une manière de moins consommer, à une époque où la possession semble perdre de son sens. Le constat, précise-t-elle, est néanmoins à nuancer.

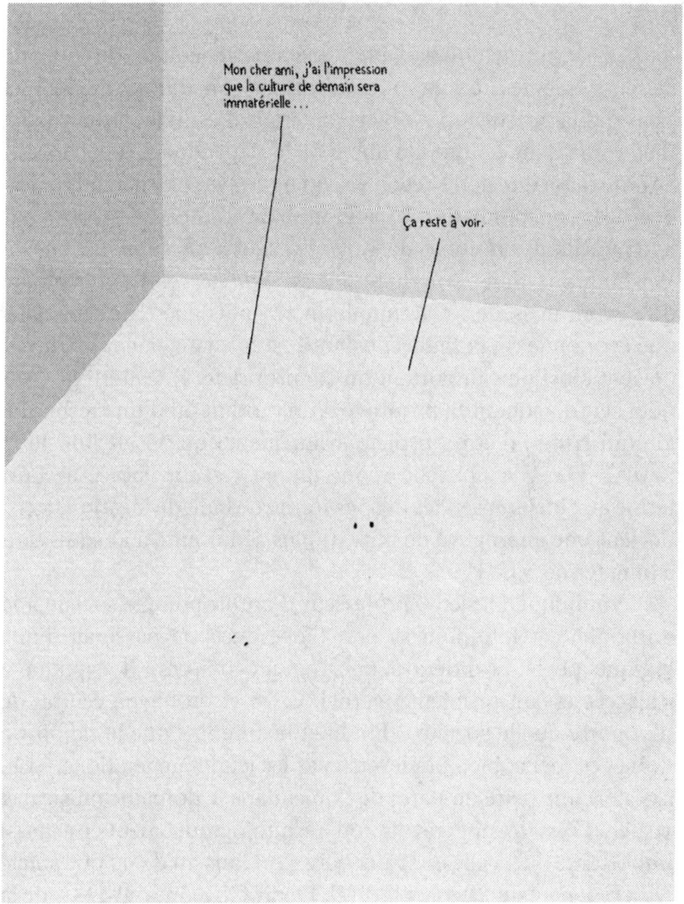

■ François Olislaeger, dessinateur et auteur de bandes dessinées franco-belge (né en 1978 à Liège), représente avec humour le résultat d'une société devenue immatérielle. La prédominance du vide, où l'on ne distingue péniblement que deux paires d'yeux, donne vie au monde fantasmé par les fervents défenseurs d'une dématérialisation systématique. Est-il vraiment souhaitable de voir disparaître tous nos objets ? N'existe-t-il pas quelque bonheur à être entouré de biens matériels ? Le bien-être réside sans doute dans un juste milieu.

[Logique d'accès ou de propriété ?]

[...] Marion symbolise cette prochaine génération de consommateurs, adeptes du « moins consommer, consommer mieux », et pour qui la possession d'objets matériels n'est plus primordiale. Bienvenue dans un monde libéré de la dépendance aux choses ! Se pourrait-il que notre avenir se conjugue avec une dématérialisation de la consommation ? L'idée avait été avancée, dès 2000, par Jeremy Rifkin, président de la *Foundation on Economic Trends* à Washington, dans son livre *L'Âge de l'accès*. Il y explique qu'« avoir, posséder et accumuler n'ont plus guère de sens dans une économie où la seule constante est le changement ». L'accès devient ainsi plus important que la propriété. Il s'interroge : « À quoi sert d'acquérir la propriété d'un produit ou d'une technologie qui risque d'être obsolète avant même qu'on ait fini de la payer ? Dans la nouvelle économie en réseau, l'accès à court terme aux biens et services – sous forme de bail, de location, etc. – devient une alternative de plus en plus séduisante à l'acquisition à long terme. » [...]

Dominique Desjeux, professeur d'anthropologie sociale à la Sorbonne [1], réfute pour sa part l'idée que l'on passerait d'une logique de la propriété à une logique d'accès. Il explique : « L'accès est un problème éternel. C'est le problème central de n'importe quelle société. » Il admet néanmoins que le rapport à l'objet est bel et bien bouleversé par les jeunes générations. « On assiste à une perte de statut de l'objet dans le domaine musical et visuel. C'est là une révolution technologique, peut-être aussi importante que, celle de Gutenberg [2]. » Dans un débat du *Nouvel Observateur* [3] du 22 mars [2007], Denis Olivennes, P.-D.G. de la Fnac, prévoit que, « dans trente ans, il n'y aura probablement plus

1. ***La Sorbonne*** : grande université parisienne.
2. ***Johannes Gutenberg*** (entre 1397 et 1400-1468) : inventeur de l'imprimerie moderne.
3. ***Le Nouvel Observateur*** : hebdomadaire français d'informations générales.

de CD, les livres physiques auront peut-être disparu et probablement plus aucun DVD, tout cela s'échangera par Internet. » Les ventes de CD semblent en effet s'effondrer inexorablement... La VOD pourrait bien concurrencer la location et l'achat de DVD. Les magazines se mettront un jour au numérique, à l'instar de l'expérience, lancée à la fin avril, par le quotidien *Les Échos* [1], qui propose une édition en version e-paper. [...]

Pourtant, force est de constater que nous achetons toujours des objets, aussi virtuels soient-ils, puisque les mondes virtuels reproduisent le plus souvent un monde très ressemblant au nôtre. Notre bon vieux monde matériel ne fait donc que se reproduire sur la toile, dans une version dématérialisée, comme une extension de la réalité. Paul Ariès, auteur de *No conso*, voit dans cette tendance la menace d'une révolution de l'histoire qui « va permettre de vendre des morceaux d'identité comme autrefois des biens matériels ». Les jeux vidéo sont ainsi devenus un loisir de masse, récoltant un chiffre d'affaires mondial supérieur à 25 milliards d'euros et attirant plus de 15 millions d'utilisateurs en France. Par ailleurs, des acteurs comme Metaboli proposent des jeux vidéo téléchargeables au même prix qu'un jeu classique ou par abonnement. Une initiative que Jean-Marie Boucher, P.-D.G. et fondateur du site éthique ConsoGlobe, soutient et estime très porteuse. Chantre du « consommer mieux, vivre mieux », ConsoGlobe enregistre 600 000 membres aujourd'hui et compte atteindre un million de membres à la fin de l'année. ConsoGlobe propose, depuis l'été 2006, de nouvelles manières de consommer. Car consommer ne signifie pas forcément acheter des produits neufs. Le service Digitroc offre ainsi la possibilité d'échanger des produits, ConsoRecup de donner des produits dont on n'a plus besoin, Achat du cœur de faire du « shopping humanitaire ». Une enquête de l'institut BVA [2] de février 2007, réalisée pour Troc de l'île, révèle que 18 % des Français déclarent avoir déjà vendu

1. ***Les Échos*** : quotidien français d'information économique et financière.
2. ***Institut BVA*** : institut d'études de marché et d'opinion.

des articles d'occasion, une pratique qui progresse, grâce notamment à Internet, et qui semble désormais entrée dans les habitudes de consommation. L'échange, l'occasion, le don apparaissent comme des formes de consommation alternatives. C'est aussi l'occasion de donner une seconde vie aux produits, au lieu de les jeter. « Deux vagues se superposent », souligne Jean-Marie Boucher. D'un côté apparaît « une prise de conscience de fond » au niveau écologique, « qui n'est pas qu'une mode et qui va croître chez le consommateur occidental » ; de l'autre, le mouvement du Web communautaire profite à ce type de consommation. Le succès du site eBay atteste de ce phénomène naissant. Signe également que nombre de consommateurs ne se considèrent plus comme les propriétaires définitifs des objets qu'ils achètent.

« Vers une consommation dématérialisée »,
© *Marketing magazine*, n° 114, 1er juin 2007.

Analyse et perspectives

1. En quoi la dématérialisation bouleverse-t-elle le statut de certains objets ? Justifiez votre réponse à l'aide du texte.
2. Selon l'auteur de cet article, en quoi le sentiment de propriété, dont parle Pennac (p. 149) à propos des livres, ne s'étend-il pas à tous les objets culturels ? En quoi modifie-t-il le rapport à la consommation ?
3. Faites la liste des objets culturels et personnels que vous êtes prêts à voir dématérialisés. Sont-ils nombreux ? Comment l'expliquer ?

■ Sondage de l'institut Opinion Way, *L'Observatoire de la dématérialisation* (2010)

Opinion Way a lancé en 2010 la première enquête sur les pratiques dématérialisées des Français afin de cerner les attentes et perceptions des consommateurs à l'égard des nouvelles technologies.

Q : Entre un support électronique et un support physique, où se situe votre préférence pour chacun des documents ou produits suivants :

Base : 2000 répondants

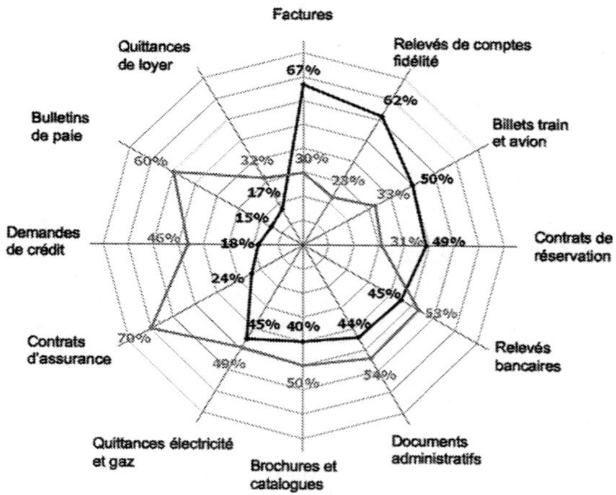

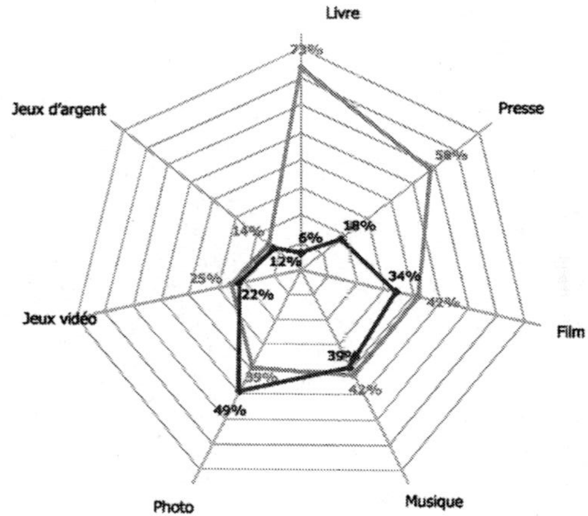

Légende :
- Préférence support électronique
- Préférence support physique

■ Sondage de l'institut Opinion Way, *L'Observatoire de la dématérialisation*, p. 4, résultats vague 1 [extraits], 2010.

DOSSIER

- Lexique : autour de l'objet
- Le thème en chansons
- Le projet d'Orhan Pamuk
- Sujets d'exposés
- Vers la synthèse de documents : fiche méthode et entraînement
- Vers l'écriture personnelle : fiche méthode et entraînement
- Étude de l'image

Lexique : autour de l'objet

1. Un référent à compléter

À partir du premier texte de cette anthologie (p. 15) et de dictionnaires, établissez la liste la plus exhaustive possible de tous les compléments du nom pouvant être associés au mot « objet » (exemple : un « objet d'art ») et trouvez pour chaque occurrence un exemple. Définissez ce qu'en grammaire on nomme « complément d'objet » et commentez cette expression.

2. Un vocabulaire hétéroclite

À l'aide d'un dictionnaire et de ressources numériques, expliquez le sens des mots et expressions suivants :

> « Prototype », « bric-à-brac », « mode d'usinage », « cabinet de curiosités », « valeur ajoutée », « ready made », « design », « nature morte », « dématérialisation », « broutille », « ergonomie », « bibelot », « fétiche », « objet transitionnel ».

En quoi sont-ils liés au thème ?

3. Des mots-clés à interroger

Voici des listes de mots liés au thème de cette anthologie. Pour chacune, essayez de justifier l'ordre qu'elle adopte puis formulez la ou les problématiques qui y sont associées. À quels chapitres de l'anthologie peut-on relier chacun des thèmes évoqués ?

1. Artisanat, industrie, prototype, série, imprimante 3D, dématérialisation, objets connectés.
2. Consommation, bien de consommation, marchandise, produit, article, produit dérivé, gadget.
3. Don, troc, récupération, recyclage, brocante, bric-à-brac, vide-greniers.
4. Accumulation, conservation, collection, inventaire, cabinet de curiosités.
5. Chose, symbole, objet de culte, objet d'art, ready made, nature morte.

6. Broutille, bibelot, bijou, cadeau, fétiche, objet de désir, objet transitionnel.

Le thème en chansons

La prolifération des objets ne laisse personne indifférent. On en retrouve la thématique dans de nombreuses chansons, qui témoignent souvent de la relation intime et aliénante que l'individu noue avec l'objet. Ce dernier devient alors un miroir de la personnalité de son possesseur, comme le sac à main qu'évoque Bénabar. Au-delà de ce rapport particulier, Jean-Jacques Goldman et Macklemore dénoncent une consommation de masse irraisonnée, qui fait prévaloir l'avoir sur l'être. Le désir sans fin des consommateurs est évoqué par la chanson « Les Choses », qui montre comment l'homme en vient à s'identifier à l'objet lui-même. À travers l'exemple des chaussures Nike, le rappeur américain Macklemore évoque plus particulièrement les campagnes de matraquage publicitaire, qui conduisent des générations entières à consommer de façon aveugle des produits qu'elles s'imaginent être porteurs de gloire et de pouvoir.

Bénabar, « Le Sac à main » (2003)

Je le tiens, j'ai réussi, je procède à l'autopsie
De cet animal fidèle qui la suit comme un petit chien
Coffre-fort, confident, partial et unique témoin
Qu'elle loge au creux de ses reins
Mais qu'elle appelle, comme si de rien, son « sac à main »

Poudrier des Puces[1] dans un étui de velours noir
Dont les grains de poudre blanche patinent le miroir
Livre de poche, pastilles de menthe et plan de métro

1. *Puces* : voir note 6, p. 122.

Échantillon de parfum, baume pour les lèvres, trois ou quatre [stylos
Des cigarettes, oui, mais elle a décidé d'arrêter
Alors demi-paquets de dix, qu'elle achète deux par deux
La sonnerie étouffée, téléphone qu'elle tarde à trouver
Un appel manqué, ça l'énerve, encore raté

Bien sûr, le portefeuille, enfoui comme un magot de pirate
Lourd comme un parpaing, il contient les photos.
Ses parents, pattes d'éléphant [1]. Un Noël avec une cousine
Au fond, la table en Formica [2], celle qu'est maintenant dans [notre cuisine
À la place de choix, où je souris bêtement
Comme « l'équipier du mois », oui, mais pour combien de [temps ?
J'ai gagné le droit d'être montré aux copines
Comme ceux qui, avant moi, étaient dans la vitrine

L'agenda coupable devient machine à remonter le temps
Notre premier rendez-vous, vendredi 2 juin à 20 heures
Mon nom de plus en plus présent, jusqu'au jour de [l'emménagement
Et soulignée en rouge, la date de mon anniversaire

Je passe dans le futur, je descends mercredi prochain
T'as rendez-vous à midi, avec un certain Sébastien
Boulevard de « c'est fini », au Bistrot des Amants
Le portrait dans le porte-monnaie bientôt ne sera plus le mien.

« Le Sac à main », paroles et musique de Bruno Nicolini,
Les Risques du métier,

1. ***Pattes d'éléphant*** : portant un pantalon très évasé aux chevilles.
2. ***Formica*** : matériau stratifié recouvert d'une résine artificielle.

Jean-Jacques Goldman, « Les Choses » (2001)

Si j'avais, si j'avais ça
Je serais ceci, je serais cela
Sans choses je n'existe pas
Les regards glissent sur moi
J'envie ce que les autres ont
Je crève de ce que je n'ai pas
Le bonheur est possession
Les supermarchés, mes temples à moi

Dans mes uniformes, rien que des marques identifiées
Les choses me donnent une identité

(Refrain)
Je prie les choses et les choses m'ont pris
Elles me posent, elles me donnent un prix
Je prie les choses, elles comblent ma vie
C'est plus « je pense » mais « j'ai » donc je suis

Des choses à mettre, à vendre, à soumettre
Une femme-objet qui présente bien
Sans trône ou sceptre je me déteste
Roi nu, je ne vaux rien

J'ai le parfum de Jordan [1]
Je suis un peu lui dans ses chaussures
J'achète pour être, je suis
Quelqu'un dans cette voiture
Une vie de flash en flash
Clip et club et clop et fast-food
Fastoche speed ou calmant
Mais fast, tout le temps zap le vide
Et l'angoisse

---

1. ***Michael Jordan*** (né en 1963) : joueur de basket-ball américain.

Plus de bien de mal, mais est-ce que ça passe à la télé
Nobel ou scandale ? On dit « V.I.P »

(Refrain)

Un tatouage, un piercing, un bijou
Je veux l'image, l'image et c'est tout
Le bon « langage des idées » qu'il faut
C'est tout ce que je vaux

« Les Choses », paroles et musique de Jean-Jacques Goldman,
Chansons pour les pieds, © J.R.G., 2001.

Macklemore, *WING$* (2013)

[...]
We want what we can't have, commodity makes us want it
On désire ce que l'on ne peut pas avoir, c'est le goût du luxe [qui fait ça
So expensive, damn, I just got to flaunt it
Si chères, putain, il faut juste que je les affiche
Got to show'em, so exclusive, this that new shit
Faut que je les montre, tellement rares, ça va être la nouvelle mode
A hundred dollars for a pair of shoes I would never hoop in
Cent dollars pour une paire de chaussures que je mettrais jamais [pour jouer
Look at me, look at me, I'm a cool kid
Regarde-moi, regarde-moi, je suis un gars cool
I'm an individual, yeah, but I'm part of a movement
Je suis unique, ouais, mais je fais partie d'un mouvement
My movement told me be a consumer and I consumed it
Mon mouvement m'a dit de consommer et j'ai consommé
They told me to just do it, I listened to what that swoosh said
Ils m'ont dit « *just do it* »[1], j'ai écouté cette virgule[2]

1. ***« Just do it »*** : « Fais-le » (en anglais) ; référence au slogan de la marque Nike.
2. ***Virgule*** : logo de Nike. En réalité, il représente une aile de la déesse grecque de la Victoire, Nike venant du grec νίκη (*nikè*), qui signifie « victoire ».

Look at what that swoosh did
Regarde ce que cette virgule a fait
See it consumed my thoughts
Tu vois, elle a consommé mes pensées
Are you stupid, don't crease'em, just leave'em in that box
T'es stupide ? Ne les abîme pas, laisse-les dans la boîte
Strangled by these laces, laces I can barely talk
Étranglées par ces lacets, lacets dont j'ai du mal à parler
That's my air bubble and I'm lost, if it pops
C'est ma bulle d'air et je suis perdu si elle explose
We are what we wear, we wear what we are
Nous sommes ce que nous portons, nous portons ce que nous [sommes
But see I look inside the mirror and think Phil Knight tricked us all
Mais, tu vois, je regarde dans le miroir et je me dis que Phil [Knight [1] nous a tous eus
Will I stand for a change, or stay in my box
Vais-je me lever pour que ça change ou rester dans ma boîte ?
These Nikes help me define me, and I'm trying to take mine off
Ces Nike m'aident à me définir, mais j'essaye maintenant de les [enlever.

« WING$ », écrit par Ben Haggerty, Ryan Lewis,
Hollis Wear et Andrew Joslyn ;
Macklemore, *The Heist*, © published by Inside Passage Music,
administered, by Kobalt Music Publishing Ltd.
Nous traduisons.

1. ***Phil Knight*** (né en 1938) : fondateur de l'entreprise Nike.

Le projet d'Orhan Pamuk

Écrivain turc né en en 1952, Prix Nobel de littérature, Orhan Pamuk est très tôt fasciné par les objets et décide de les inscrire au cœur d'une partie de son œuvre, montrant comment, grâce à eux, on peut raconter une histoire et une culture. Il décline ce projet pour le moins original de plusieurs manières.

Tout d'abord, il compose un roman intitulé *Le Musée de l'innocence* : le héros, Kemal, a collectionné tous les objets qui témoignent de son histoire d'amour contrariée avec Füsun (ci-dessous). Les objets agissent ici à la fois comme supports de mémoire, lieux de cristallisation des sentiments et dynamique narrative. Ensuite, il crée un musée à Istanbul, qui prolonge le roman en exposant des objets réels se rapportant aux objets fictifs du livre – chaque vitrine numérotée correspond à un chapitre (p. 173). On voit ainsi comment les 4 213 mégots exposés au musée se réfèrent – faussement – à ceux collectés par Kemal parce qu'ils représentent les moments partagés avec Füsun : attitudes, paroles, gestes, regards, impressions ou simples souvenirs. Enfin, dans *L'Innocence des objets* (p. 174), à la fois livre d'art, essai sociologique et œuvre autobiographique qui explique son projet, il expose les objets réunis dans son musée et tente d'analyser le désir de collecter et de conserver cher aux habitants d'Istanbul ; ce faisant, il sauve les objets de l'oubli et redonne vie à ceux qui ont vécu avec eux. Le projet d'Orhan Pamuk s'appuie sur deux dimensions essentielles de l'objet : sa valeur mémorielle et sa valeur affective. Ils sont à la fois la trace matérielle et conservée d'une histoire, voire d'une innocence disparue – pour les héros du roman –, et les supports innocents de l'affect dont on les investit.

Le Musée de l'innocence (2006)

En voyant deux autres cigarettes et les dates inscrites au-dessous, je me souviens de ces soirs d'été où nous mangions des aubergines grillées au yaourt, où Füsun et moi regardions par la fenêtre ouverte.

En de tels instants, Füsun prenait un petit cendrier à la main et y tapotait souvent la cendre de sa Samsun[1]. Quand Füsun discutait avec moi devant la fenêtre, elle prenait toujours cette pose, et je l'imaginais alors dans une élégante réception. Elle aurait très bien pu, comme moi et comme tous les hommes turcs, jeter la cendre de sa cigarette par la fenêtre, écraser le mégot au bord de la fenêtre et le balancer en bas, ou même l'envoyer valser encore incandescent d'une pichenette et le regarder tournoyer dans l'obscurité. Mais non, Füsun n'avait aucun des gestes du fumeur habituel et je prenais exemple sur elle. Quelqu'un nous apercevant de loin nous eût pris pour deux personnes en train de discuter poliment afin de faire connaissance, un peu à l'écart dans une fête, dans un pays occidental où la femme n'avait pas obligation de se soustraire au regard. Pendant que nous regardions par la fenêtre ouverte sans échanger un seul regard, nous discutions en riant de la fin du film que nous venions de voir à la télévision, de l'accablante chaleur d'été, des enfants qui jouaient à cache-cache dans la rue. Sur ce, la légère brise qui se levait du côté du Bosphore[2] charriait une enivrante odeur d'iode et de chèvrefeuille à laquelle se mêlaient celle des cheveux, de la peau de Füsun et une agréable fumée de cigarette.

Parfois, juste au moment où elle éteignait sa cigarette, nos regards se croisaient de façon impromptue. Absorbée par un poignant film d'amour ou sous l'empire de la musique et des images illustrant des événements dramatiques dans un documentaire sur la Seconde Guerre mondiale, Füsun éteignait sa cigarette d'un geste automatique, sans y prêter attention. Si, comme dans ce cas de figure, le hasard faisait que nous nous retrouvions yeux dans les yeux à cet instant-là, il passait comme un courant électrique entre nous, tous deux nous rappelions pourquoi j'étais assis à cette table, et la cigarette prenait une drôle de forme reflétant assez bien la confusion qui régnait dans notre tête. Puis, en entendant retentir la

---

1. ***Samsun*** : cigarette faite du tabac de la province de Samsun, en Turquie.
2. ***Bosphore*** : détroit qui relie la mer Noire à la mer de Marmara, au bord duquel est construite Istanbul.

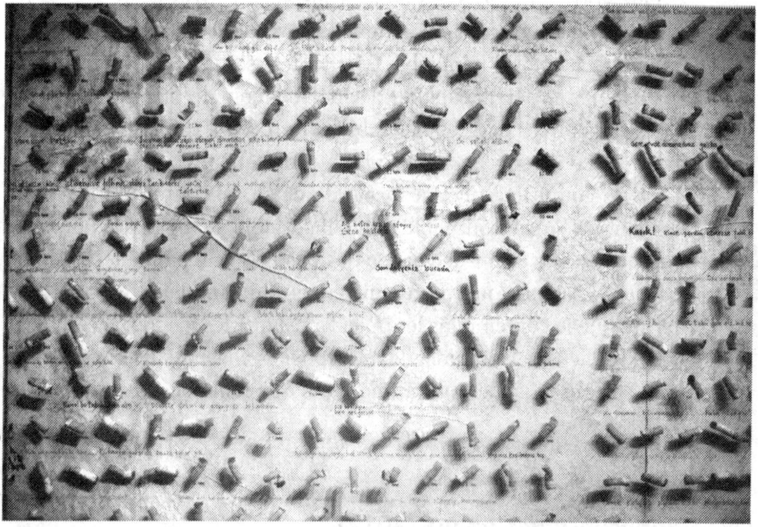

■ Orhan Pamuk, « 4 213 mégots », *L'Innocence des objets*, Gallimard, 2012.

sirène d'un navire au loin, je tâchais de voir le monde, la vie, à travers les yeux de ceux qui se trouvaient sur ce bateau.

Plus tard, quand je prenais dans ma main ces mégots de cigarettes écrasés que je rapportais dans l'immeuble Merhamet [1], un seul ou plusieurs à la fois selon les soirs, je me remémorais certains instants du passé. En réalité, les cigarettes m'avaient permis de comprendre clairement que tous les objets que j'accumulais étaient en parfaite corrélation avec les fameux instants d'Aristote [2].

Désormais, grâce à un simple coup d'œil sur les objets que j'accumulais dans l'immeuble Merhamet, sans même avoir à les tenir en main, j'étais capable de me souvenir de Füsun, de notre passé, des soirées passées ensemble autour d'une table. Chacun des instants que j'associais à ces objets – une salière en porcelaine, un mètre de couturière plié en forme de chien, un ouvre-boîte à l'air effrayant ou l'incontournable bouteille d'huile de tournesol Batanay toujours présente dans la cuisine des Füsun – se répandait au fil des ans dans ma mémoire, dans un temps qui semblait très vaste. À mesure que je contemplais les objets ainsi que les mégots accumulés dans l'immeuble Merhamet, je me rappelais chacune des choses que nous faisions lorsque nous étions assis à la table des Füsun.

Le Musée de l'innocence, trad. Valérie Gay-Aksoy
© Gallimard, 2006, p. 506-507.

L'Innocence des objets (2012)

Dans sa première version, *Le Musée de l'innocence* apparaissait comme un roman sentimental et familial aux allures d'encyclopédie – avec une trame narrative construite autour de la famille Keskin [3]

1. ***L'immeuble Merhamet*** abrite l'appartement où les héros se retrouvent et font l'amour « exactement 44 fois ». Par la suite, Kemal en fait un musée regroupant tous les objets le liant à Füsun.
2. Dans son essai *Physique*, Aristote (IVe siècle av. J.-C.) explique que l'instant est à la fois le *même*, puisqu'il s'identifie avec le contenu d'un présent quelconque, et *autre*, puisqu'il dépend d'un contexte chaque fois différent.
3. ***Famille Keskin*** : famille de Füsun.

et des objets appartenant à Füsun, et organisée en plusieurs entrées. Dès le milieu des années 1990, alors que j'étais plongé dans la rédaction de *Mon nom est Rouge*, j'avais déjà commencé à collecter dans les brocantes d'Istanbul les objets aujourd'hui exposés dans le musée et utilisés par la famille Keskin – la râpe à coings par exemple (exposée seule dans la boîte 66) – et, parallèlement, je me plaisais à imaginer que, un jour, ma collection qui grandissait peu à peu ferait bonne figure dans un musée. C'est sûrement ainsi qu'a dû germer dans mon esprit l'idée de construire un roman sous forme de catalogue de musée, avec de longues notes richement détaillées. De même que dans un catalogue de musée, je décrivais un objet au lecteur comme si je le présentais à un visiteur de musée, puis je passais aux souvenirs que cet objet suscitait chez notre héros. Le premier objet serait la boucle d'oreille que Füsun laisserait tomber en faisant l'amour avec Kemal. Je voulais que cette boucle d'oreille soit le premier objet exposé dans le musée et le premier dont je raconte l'histoire dans le roman-catalogue.

J'ai commencé à écrire *Le Musée de l'innocence* en 2002, immédiatement après la parution de *Neige*. L'idée d'un catalogue annoté me fournissait le prétexte pour faire un lien entre l'art romanesque auquel j'avais dédié toute ma vie et l'art pictural auquel je déplorais encore de n'avoir pu me consacrer. Mais je ne fus pas long à m'apercevoir que cette forme ne me permettrait pas d'explorer et d'exprimer de façon suffisamment appropriée tout ce à quoi la romance entre Kemal et Füsun faisait allusion. Prendre des objets comme point de départ pour raconter à travers eux l'histoire d'amour de Kemal – et, en réalité, toute la culture d'une période – me fut d'une grande utilité. Oui, je ferais un musée ; et le roman retracerait l'histoire de sa fondation et de chacun des objets qu'il contiendrait. Mais à présent je n'avais plus vraiment besoin d'un catalogue descriptif et annoté. Je désirais écrire l'histoire de Füsun et de Kemal sous une forme romanesque classique. [...]

Attendre les objets

La plupart des collectionneurs de cette nouvelle génération [1] récupéraient tous les objets-souvenirs liés au cinéma qui passaient à leur portée. Par le biais de leurs relations amicales dans les studios, les salles de cinéma ou les sociétés de distribution de films étrangers, ils se procuraient gratuitement affiches, photos d'exploitation ou autres gadgets. Ils conservaient tous ces objets chez eux sans vraiment les classifier et finissaient très vite par crouler sous des montagnes de papiers et d'objets ; leur domicile rappelait d'un côté les maisons-poubelle et, de l'autre, les réserves d'un musée bondées d'archives en attente de classement, mais ce n'était ni l'un ni l'autre en réalité.

Ces habitations témoignaient surtout de l'attachement indéfectible des collectionneurs pour leur thème de prédilection. J'avais toujours aimé en respirer l'odeur de vieux, de poussière et d'humidité, mais accéder à leurs antres n'était pas chose aisée. Ces premiers collectionneurs étaient d'un tempérament acrimonieux, jaloux et anxieux. Nombre d'entre eux s'éloignaient de leur famille à cause de ces objets auxquels ils tenaient par-dessus tout et passaient le plus clair de leur temps seuls dans des pièces poussiéreuses, ressemblant de plus en plus à des entrepôts à mesure qu'elles se remplissaient. J'ai vu beaucoup de ces maisons bondées de livres et de journaux dans les années 1960 et 1970. La notion de musée, d'archives et de collection n'étant pas aussi répandue en Turquie qu'elle l'est en Occident, ceux qui vivaient dans ces étranges logis de collectionneurs au milieu d'un fouillis inextricable d'objets hétéroclites étaient fatigués de sans cesse devoir se justifier et, d'un ton mi-affligé, mi-amusé, ils se traitaient eux-mêmes de « malades », selon le terme employé par leur famille, leurs amis et plus particulièrement leurs voisins immédiats et tout le quartier.

Tout en ayant parfaitement conscience que leur attachement aux objets prenait sa source dans une profonde déception sentimentale

1. Désigne les habitants d'Istanbul des années 1960 et 1970.

et une histoire personnelle douloureuse, ces « malades » étaient intimement convaincus de l'importance de leur contribution à cette même société qui les raillait. Un jour, la Turquie aussi serait riche, on y ouvrirait des musées, des bibliothèques et des archives comme en Occident, et ce jour-là tous reconnaîtraient la valeur de ces choses et salueraient leur démarche.

Pour le moment, ils attendaient ! Ils étaient incapables de mettre leurs collections sur le marché, ils n'avaient pas non plus les moyens de les réunir et de les publier sous forme de livre (comme cela se ferait fréquemment plus tard pour les affiches et autres supports promotionnels de films). Leur téléphone ne sonnait jamais. Et, dans la patiente attente de ces collectionneurs entre les murs de leur foyer (qui sont peut-être les premiers exemples de maisons-musées privées), je pouvais déceler la dignité grave de gardiens veillant éternellement sur les reliques sacrées, les symboles et les étendards d'une communauté.

Cependant, au lieu d'éveiller en moi le sentiment d'admiration et d'enthousiasme que j'avais découvert dans les musées européens, ces maisons encombrées de papiers et de journaux, de disques, de livres, de vieilles radios, de montres détraquées, de moulins à café et d'autres objets ne valant plus rien m'emplissaient de honte. Dans ces premières maisons-musées, je percevais le désespoir d'une population déshéritée incapable de jeter quoi que ce soit, accoutumée à tout garder – vieux vêtements, chaussures, bouteilles, boutons, papiers journaux ou bouteilles en plastique et jusqu'aux choses les plus dérisoires parce que ça pouvait toujours servir un jour.

Ces prémices de maisons-musées initiées par les récupérateurs d'objets d'Istanbul me revenaient souvent à l'esprit au cours de mes voyages en Europe au milieu des années 1990, lorsque mon instinct me poussait à me rendre dans les musées oubliés dans les rues à l'écart du centre de grandes métropoles. Ces petits musées m'évoquaient tous les mêmes sentiments : des personnes avaient vécu dans ces rues, ces quartiers et cette ville à une certaine époque ; elles étaient parties en laissant derrière elles de vieux journaux, des monceaux de papiers et de bibelots, des tableaux, des photographies et des meubles. Convaincu de leur valeur, un amateur ou un collectionneur assez riche pour fonder un musée avait alors rassemblé et conservé les objets abandonnés par ceux qui étaient partis vers d'autres contrées ou pour l'autre monde. La tâche qui incombait à présent aux nouvelles générations était de reconstituer les vies et les histoires de ces gens du passé à travers les objets qu'ils avaient laissés à la postérité.

Sujets d'exposés

1. Les grandes inventions
2. Objet et progrès
3. Production manuelle, production industrielle
4. Mécanisation et automatisation
5. La révolution industrielle
6. Le design
7. Le luxe
8. Objet et fonction
9. Le gadget
10. L'objet et le rêve
11. L'objet et les nouvelles technologies
12. Le ready made
13. Le ludique et l'objet
14. L'objet d'art
15. Un objet culte
16. Objet et sentiment
17. Le doudou ou « objet transitionnel »

18. Le fétichisme
19. La société de consommation
20. L'objet et la publicité
21. Les collectionneurs
22. Le recyclage : historique, enjeux et perspectives
23. La dématérialisation de l'objet culturel
24. Les objets patrimoniaux
25. Être objet de mémoire
26. L'objet et l'immatériel

Vers la synthèse de documents : fiche méthode et entraînement

Rappel de la méthodologie

Voir p. 180.

Entraînement : sujets de synthèse de documents

1. L'objet : une création de l'homme

Documents pour la synthèse : Bruno Jacomy, *L'Âge du plip. Chroniques de l'innovation technique*, p. 18 ; Gilbert Simondon, *Du mode d'existence des objets techniques*, p. 25 ; François Bon, *Autobiographie des objets*, p. 28 ; iconographie : migrants qui tentent avec leurs téléphones portables de capter un signal de leurs proches restés en Somalie, p. 2 du cahier photos.

2. Unicité et sérialité de l'objet

Documents pour la synthèse : Walter Benjamin, *L'Œuvre d'art à l'époque de sa reproductibilité technique*, p. 37 ; Alessandro Zinna, « L'objet et ses interfaces », p. 32 ; Christian Barrère et Walter Santagata, *La Mode, une économie de la créativité et du patrimoine à*

Fiche méthode

[Introduction]

✓ J'introduis en donnant le thème commun aux documents.

✓ Je poursuis en présentant brièvement ces documents : titre, auteur, date, genre et thèse principale.

✓ Je formule, sous forme de question, la problématique que soulèvent ces documents.

✓ J'annonce le plan de ma synthèse : deux ou trois parties articulées logiquement.

[Développement]

✓ Je propose un plan cohérent en articulant parties (au moins deux) et sous-parties (au moins deux).

✓ J'annonce la logique de ma partie dans une phrase clairement détachée.

✓ J'exploite tous les documents en les identifiant de manière distincte.

✓ Je reprends les idées principales des textes, sans en omettre ou en ajouter.

✓ Je ne fais aucun commentaire personnel.

✓ Je résume les idées en les reformulant et en évitant les citations (pas plus de quatre pages pour la synthèse).

✓ Je compose chaque paragraphe avec rigueur : marqué par un alinéa, un paragraphe comprend une idée directrice, une confrontation d'au moins deux documents autour de cette idée et une phrase de transition.

[Conclusion]

✓ Je présente un bilan de ma synthèse.

✓ Je propose une ouverture qui élargit le débat.

[Pour l'ensemble]

✓ Je vérifie que tout mon travail est bien rédigé (pas de puces, tirets...) et bien présenté.

✓ Je me relis en portant mon attention sur la syntaxe, la concision du propos, la ponctuation, l'orthographe et la grammaire, l'insertion des citations et le vocabulaire choisi.

l'heure du marché, p. 85 ; iconographie : fabrication des Playmobils®, p. 33.

3. De l'utilité de l'objet

Documents pour la synthèse : Jean Baudrillard, « Le gadget et le ludique », p. 51 ; Michel Eltchaninoff, « L'iPad, ou la tentation du superflu », p. 54 ; Philippe Delerm, *La Première Gorgée de bière et autres plaisirs minuscules*, p. 79 ; iconographie : couteau cocktail, p. 3 du cahier photos.

4. La fonction esthétique de l'objet en question

Documents pour la synthèse : Fernand Léger, *Fonctions de la peinture*, p. 66 ; Catherine Millet, *L'Art contemporain en France*, p. 71 ; Joris-Karl Huysmans, *À rebours*, p. 74 ; iconographie : Joana Vasconcelos, *Marilyn*, p. 3 de couverture.

5. À nouveaux objets, nouvelle société ?

Documents pour la synthèse : Carlos Moreno, « Objets connectés, corps augmenté, usages sociaux : les enjeux de l'hybridation », p. 95 ; Aurélie Charpentier, « Le mobile, doudou du XXIe siècle ? », p. 91 ; Michel Eltchaninoff, « L'iPad, ou la tentation du superflu », p. 54 ; iconographie : dessin de Deligne, p. 3 du cahier photos.

6. De l'attachement au fétichisme

Documents pour la synthèse : Marc Augé, *Le Dieu objet*, p. 103 ; Sigmund Freud, *Trois Essais sur la théorie sexuelle*, p. 106 ; Philippe Claudel, *Parfums*, p. 99 ; iconographie : affiche de l'association « Petite Maman », p. 7 du cahier photos.

7. De la consommation

Documents pour la synthèse : Jean Baudrillard, « Théorie de la consommation », p. 117 ; Marc-Aurèle, *Pensées pour moi-même*, p. 146 ; Jean-Jacques Goldman, « Les Choses », p. 168 ; iconographie : Jeongmee Youn, *SeoWoo and Her Pink Things*, p. 4 du cahier photos.

8. Conserver, collecter l'objet

Documents pour la synthèse : Octave Debary et Arnaud Tellier, « Objets de peu : les marchés à réderies dans la Somme », p. 135 ; Orhan Pamuk, *L'Innocence des objets*, p. 174 ; Arthur Rimbaud, « Le Buffet », p. 134 ; iconographie : photo de Peter Menzel, extraite de *Material World*, p. 5 du cahier photos.

9. L'objet dématérialisé

Documents pour la synthèse : Aurélie Charpentier, « Vers une consommation dématérialisée », p. 156 ; entretien avec Benoît Melançon, « Quelle différence avec la lettre ? Le fétichisme », p. 152 ; Daniel Pennac, *Comme un roman*, p. 149 ; sondage de l'institut Opinion Way pour l'Observatoire de la dématérialisation, p. 160.

Vers l'écriture personnelle : fiche méthode et entraînement

Rappel de la méthodologie

Voir ci-contre.

Entraînement : sujets d'écriture personnelle

En prenant appui sur la fiche méthodologique ci-contre, répondez aux questions suivantes.

1. Pensez-vous que l'objet soit signe de progrès ?
2. Selon vous, l'homme cherche-t-il à se transcender en créant des objets ?
3. Selon vous, la dématérialisation de l'objet a-t-elle un avenir ?

Fiche méthode

[Introduction]

✓ J'introduis le sujet.

✓ Je présente la question en la reformulant si nécessaire. S'il s'agit d'une citation, je la recopie entre guillemets et présente la question qu'elle soulève.

✓ J'annonce mon plan.

[Développement]

✓ Je propose un plan cohérent en articulant parties (au moins deux) et sous-parties (au moins deux) autour de mon point de vue personnel sur le sujet.

✓ J'annonce la logique de ma partie dans une phrase clairement détachée.

✓ Je compose chaque paragraphe avec rigueur : marqué par un alinéa, un paragraphe comprend une idée directrice, au moins deux exemples de culture générale exploités pour défendre cette idée et une phrase de transition.

✓ Je vérifie la pertinence de mes arguments et de mes références ainsi que leur variété.

[Conclusion]

✓ Je propose un bilan de ma synthèse en donnant une réponse personnelle (j'utilise le « je »).

✓ J'élargis le thème en le reliant à une question de société.

[Pour l'ensemble]

✓ Je vérifie que tout mon travail est bien rédigé (pas de puces, tirets...) et bien présenté.

✓ Je me relis en portant mon attention sur la syntaxe, la concision du propos, la ponctuation, l'orthographe et la grammaire, l'insertion des citations et le vocabulaire choisi.

4. L'objet a-t-il plusieurs vies ?
5. L'objet est-il une libération ou une aliénation pour l'homme ?
6. Le numérique nous libère-t-il de l'invasion des objets ?
7. Selon vous, l'objet répond-il toujours à un besoin ?
8. L'objet n'a-t-il qu'une fonction utilitaire ?
9. Quel est le rôle d'un objet ?
10. L'objet peut-il être détourné de sa fonction première ?
11. D'après vous, l'homme accorde-t-il aujourd'hui trop d'importance à l'objet ?
12. En quoi l'objet reflète-t-il l'homme ?
13. Existe-t-il des objets de peu de valeur ?
14. L'homme est-il possédé par les objets ?

Étude de l'image

Observez le tableau *Les Valeurs personnelles* de René Magritte (1952), reproduit p. 2 de couverture, puis répondez aux questions suivantes.

1. Objets et représentation

A. Quel lieu est représenté dans ce tableau ?

B. En quoi y a-t-il une inversion dans cette représentation ? Justifiez votre réponse en analysant les espaces présents dans le tableau et le jeu des couleurs.

C. Que peut symboliser cet espace ?

2. Objets et surreprésentation

A. Décrivez les objets présents dans le tableau. Sont-ils nombreux ? À quel univers font-ils référence ?

B. Qu'est-ce qui peut sembler incongru dans leur représentation ?

C. En vous référant au titre, tentez de trouver la valeur qu'ils peuvent avoir pour le peintre.

D. Que pensez-vous du miroir ? Que peut-il symboliser ?

3. Objets et réinterprétation

A. En quoi peut-on qualifier cette œuvre de surréaliste ?

B. Quelle réflexion sur la place et la valeur de l'objet ce tableau suscite-t-il ?

C. Comment pouvez-vous alors réinterpréter le titre ?

Les classiques et les contemporains dans la même collection

ALAIN-FOURNIER
Le Grand Meaulnes

ANDERSEN
La Petite Fille et les allumettes et autres contes

ANOUILH
La Grotte

APULÉE
Amour et Psyché

ASIMOV
Le Club des Veufs noirs

AUCASSIN ET NICOLETTE

BALZAC
Le Bal de Sceaux
Le Chef-d'œuvre inconnu
Le Colonel Chabert
Ferragus
Le Père Goriot
La Vendetta

BARBEY D'AUREVILLY
Les Diaboliques – Le Rideau cramoisi, Le Bonheur dans le crime

BARRIE
Peter Pan

BAUDELAIRE
Les Fleurs du mal – *Nouvelle édition*

BAUM (L. FRANK)
Le Magicien d'Oz

BEAUMARCHAIS
Le Mariage de Figaro

BELLAY (DU)
Les Regrets

LA BELLE ET LA BÊTE ET AUTRES CONTES

BERBEROVA
L'Accompagnatrice

BERNARDIN DE SAINT-PIERRE
Paul et Virginie

LA BIBLE
Histoire d'Abraham
Histoire de Moïse

BOVE
Le Crime d'une nuit. Le Retour de l'enfant

BRADBURY
L'Homme brûlant et autres nouvelles

CARRIÈRE (JEAN-CLAUDE)
La Controverse de Valladolid

CARROLL
Alice au pays des merveilles

CERVANTÈS
Don Quichotte

CHAMISSO
L'Étrange Histoire de Peter Schlemihl

LA CHANSON DE ROLAND

CATHRINE (ARNAUD)
Les Yeux secs

CHATEAUBRIAND
Mémoires d'outre-tombe

CHEDID (ANDRÉE)
L'Enfant des manèges et autres nouvelles
Le Message
Le Sixième Jour

CHRÉTIEN DE TROYES
Lancelot ou le Chevalier de la charrette
Perceval ou le Conte du graal
Yvain ou le Chevalier au lion

CLAUDEL (PHILIPPE)
Les Confidents et autres nouvelles

COLETTE
Le Blé en herbe

COLIN (FABRICE)
Projet oXatan

COLLODI
Pinocchio

CORNEILLE
Le Cid – *Nouvelle édition*

DAUDET
Aventures prodigieuses de Tartarin de Tarascon
Lettres de mon moulin

DEFOE
Robinson Crusoé

DIDEROT
Entretien d'un père avec ses enfants

Jacques le Fataliste
Le Neveu de Rameau
Supplément au Voyage de Bougainville

DOYLE
Trois Aventures de Sherlock Holmes

DUMAS
Le Comte de Monte-Cristo
Pauline
Robin des Bois
Les Trois Mousquetaires, t. 1 et 2

FABLIAUX DU MOYEN ÂGE
LA FARCE DE MAÎTRE PATHELIN
LA FARCE DU CUVIER ET AUTRES FARCES DU MOYEN ÂGE

FENWICK (JEAN-NOËL)
Les Palmes de M. Schutz

FERNEY (ALICE)
Grâce et Dénuement

FEYDEAU
Un fil à la patte

FEYDEAU-LABICHE
Deux courtes pièces autour du mariage

FLAUBERT
La Légende de saint Julien l'Hospitalier
Un cœur simple

GARCIN (CHRISTIAN)
Vies volées

GAUTIER
Le Capitaine Fracasse
La Morte amoureuse. La Cafetière et autres nouvelles

GOGOL
Le Nez. Le Manteau

GRAFFIGNY (MME DE)
Lettres d'une péruvienne

GRIMM
Le Petit Chaperon rouge et autres contes

GRUMBERG (JEAN-CLAUDE)
L'Atelier
Zone libre

HIGGINS (COLIN)
Harold et Maude – *Adaptation de Jean-Claude Carrière*

HOBB (ROBIN)
Retour au pays

HOFFMANN
L'Enfant étranger
L'Homme au Sable
Le Violon de Crémone. Les Mines de Falun

HOLDER (ÉRIC)
Mademoiselle Chambon

HOMÈRE
Les Aventures extraordinaires d'Ulysse
L'Iliade
L'Odyssée

HUGO
Claude Gueux
L'Intervention *suivie de* La Grand'mère
Le Dernier Jour d'un condamné
Les Misérables – *Nouvelle édition*
Notre-Dame de Paris
Quatrevingt-treize
Le roi s'amuse
Ruy Blas

JAMES
Le Tour d'écrou

JARRY
Ubu Roi

JONQUET (THIERRY)
La Vigie

KAFKA
La Métamorphose

KAPUŚCIŃSKI
Autoportrait d'un reporter

KRESSMANN TAYLOR
Inconnu à cette adresse

LABICHE
Un chapeau de paille d'Italie

LA BRUYÈRE
Les Caractères

LEBLANC
L'Aiguille creuse

LONDON (JACK)
L'Appel de la forêt

MME DE LAFAYETTE
La Princesse de Clèves

LA FONTAINE
Le Corbeau et le Renard et autres fables – *Nouvelle édition des* Fables, *collège*
Fables, *lycée*

LANGELAAN (GEORGE)
La Mouche. Temps mort

LAROUI (FOUAD)
L'Oued et le Consul et autres nouvelles

LE FANU (SHERIDAN)
Carmilla

LEROUX
Le Mystère de la Chambre Jaune
Le Parfum de la dame en noir

LOTI
Le Roman d'un enfant

MARIVAUX
La Double Inconstance
L'Île des esclaves
Le Jeu de l'amour et du hasard

MATHESON (RICHARD)
Au bord du précipice et autres nouvelles
Enfer sur mesure et autres nouvelles

MAUPASSANT
Bel-Ami
Boule de suif
Le Horla et autres contes fantastiques
Le Papa de Simon et autres nouvelles
La Parure et autres scènes de la vie parisienne
Toine et autres contes normands
Une partie de campagne et autres nouvelles au bord de l'eau

MÉRIMÉE
Carmen
Mateo Falcone. Tamango
La Vénus d'Ille – *Nouvelle édition*

MIANO (LÉONORA)
Afropean Soul et autres nouvelles

LES MILLE ET UNE NUITS
Ali Baba et les quarante voleurs
Le Pêcheur et le Génie. Histoire de Ganem
Sindbad le marin

MOLIÈRE
L'Amour médecin. Le Sicilien ou l'Amour peintre
L'Avare – *Nouvelle édition*
Le Bourgeois gentilhomme – *Nouvelle édition*
Dom Juan
L'École des femmes
Les Femmes savantes
Les Fourberies de Scapin – *Nouvelle édition*
George Dandin
Le Malade imaginaire – *Nouvelle édition*
Le Médecin malgré lui
Le Médecin volant. La Jalousie du Barbouillé
Le Misanthrope
Les Précieuses ridicules
Le Tartuffe

MONTAIGNE
Essais

MONTESQUIEU
Lettres persanes

MUSSET
Il faut qu'une porte soit ouverte ou fermée. Un caprice
On ne badine pas avec l'amour

OVIDE
Les Métamorphoses

PASCAL
Pensées

PERRAULT
Contes – *Nouvelle édition*

PIRANDELLO
Donna Mimma et autres nouvelles
Six Personnages en quête d'auteur

POE
Le Chat noir et autres contes fantastiques
Double Assassinat dans la rue Morgue. La Lettre volée

POUCHKINE
La Dame de pique et autres nouvelles

PRÉVOST
Manon Lescaut

PROUST
Combray

RABELAIS
Gargantua
Pantagruel

RACINE
Phèdre
Andromaque

RADIGUET
Le Diable au corps

RÉCITS DE VOYAGE
Le Nouveau Monde (Jean de Léry)
Les Merveilles de l'Orient (Marco Polo)

RENARD
Poil de Carotte

RIMBAUD
Poésies

ROBERT DE BORON
Merlin

ROMAINS
L'Enfant de bonne volonté

LE ROMAN DE RENART – *Nouvelle édition*

ROSTAND
Cyrano de Bergerac

ROUSSEAU
Les Confessions

SALM (CONSTANCE DE)
Vingt-quatre heures d'une femme sensible

SAND
Les Ailes de courage
Le Géant Yéous

SAUMONT (ANNIE)
Aldo, mon ami et autres nouvelles
La guerre est déclarée et autres nouvelles

SCHNITZLER
Mademoiselle Else

SÉVIGNÉ (MME DE)
Lettres

SHAKESPEARE
Macbeth
Roméo et Juliette

SHELLEY (MARY)
Frankenstein

STENDHAL
L'Abbesse de Castro
Vanina Vanini. Le Coffre et le Revenant

STEVENSON
Le Cas étrange du Dr Jekyll et de M. Hyde
L'Île au trésor

STOKER
Dracula

SWIFT
Voyage à Lilliput

TCHÉKHOV
La Mouette
Une demande en mariage et autres pièces en un acte

TITE-LIVE
La Fondation de Rome

TOURGUÉNIEV
Premier Amour

TRISTAN ET ISEUT

TROYAT (HENRI)
Aliocha

VALLÈS
L'Enfant

VERLAINE
Fêtes galantes, Romances sans paroles *précédé de* Poèmes saturniens

VERNE
Le Tour du monde en 80 jours
Un hivernage dans les glaces

VILLIERS DE L'ISLE-ADAM
Véra et autres nouvelles fantastiques

VIRGILE
L'Énéide

VOLTAIRE
Candide – *Nouvelle édition*
L'Ingénu
Jeannot et Colin. Le monde comme il va
Micromégas
Zadig – *Nouvelle édition*

WESTLAKE (DONALD)
Le Couperet

WILDE
Le Fantôme de Canterville et autres nouvelles

ZOLA
Comment on meurt
Germinal
Jacques Damour
Thérèse Raquin

ZWEIG
Le Joueur d'échecs

Les anthologies dans la même collection

AU NOM DE LA LIBERTÉ
Poèmes de la Résistance

L'AUTOBIOGRAPHIE
BAROQUE ET CLASSICISME
LA BIOGRAPHIE
BROUILLONS D'ÉCRIVAINS
Du manuscrit à l'œuvre

« C'EST À CE PRIX QUE VOUS MANGEZ DU SUCRE... » Les discours sur l'esclavage d'Aristote à Césaire

CETTE PART DE RÊVE QUE CHACUN PORTE EN SOI
CEUX DE VERDUN
Les écrivains et la Grande Guerre

LES CHEVALIERS DU MOYEN ÂGE
CONTES DE SORCIÈRES

CONTES DE VAMPIRES

LE CRIME N'EST JAMAIS PARFAIT
Nouvelles policières 1

DE L'ÉDUCATION
Apprendre et transmettre de Rabelais à Pennac

LE DÉTOUR

FAIRE VOIR : QUOI, COMMENT, POUR QUOI ?

FÉES, OGRES ET LUTINS
Contes merveilleux 2

LA FÊTE
GÉNÉRATION(S)

LES GRANDES HEURES DE ROME
L'HUMANISME ET LA RENAISSANCE
IL ÉTAIT UNE FOIS
Contes merveilleux 1

LES LUMIÈRES
LES MÉTAMORPHOSES D'ULYSSE
Réécritures de L'*Odyssée*

MONSTRES ET CHIMÈRES
MYTHES ET DIEUX DE L'OLYMPE
NOIRE SÉRIE...
Nouvelles policières 2

NOUVELLES DE FANTASY 1

NOUVELLES FANTASTIQUES 1
Comment Wang-Fô fut sauvé et autres récits

NOUVELLES FANTASTIQUES 2
Je suis d'ailleurs et autres récits

ON N'EST PAS SÉRIEUX QUAND ON A QUINZE ANS Adolescence et littérature

PAROLES DE LA SHOAH
PAROLES, ÉCHANGES, CONVERSATIONS ET RÉVOLUTION NUMÉRIQUE
LA PEINE DE MORT
De Voltaire à Badinter

POÈMES DE LA RENAISSANCE
POÉSIE ET LYRISME
LE PORTRAIT
RACONTER, SÉDUIRE, CONVAINCRE
Lettres des XVIIe et XVIIIe siècles

RÉALISME ET NATURALISME
RÉCITS POUR AUJOURD'HUI
17 fables et apologues contemporains

RIRE : POUR QUOI FAIRE ?

RISQUE ET PROGRÈS
ROBINSONNADES
De Defoe à Tournier

LE ROMANTISME
SCÈNES DE LA VIE CONJUGALE
Le couple au théâtre, de Shakespeare à Yasmina Reza

LE SURRÉALISME
LA TÉLÉ NOUS REND FOUS !

LES TEXTES FONDATEURS
TROIS CONTES PHILOSOPHIQUES
Diderot, Saint-Lambert, Voltaire

TROIS NOUVELLES NATURALISTES
Huysmans, Maupassant, Zola

VIVRE AU TEMPS DES ROMAINS
VOYAGES EN BOHÈME
Baudelaire, Rimbaud, Verlaine

Mise en page par Meta-systems
59100 Roubaix

Dépôt légal : août 2014
Imprimé en Espagne par Novoprint (Barcelone)